「地域共生社会」時代の
ケアマネ必携

障害者支援のための

相談支援専門員 連携ハンドブック

小澤 温
〔監修〕

第一法規

はじめに

本書は、障害者の高齢化が急速に進んでいる社会状況を背景に、介護支援専門員（ケアマネジャー）にとって、高齢期に差しかかってきている障害者を支援する際に、相談支援専門員をはじめ関係する職種との連携に必要な基本的な知識に加えて、実際の現場で役に立つ実践的な知識を身に付けてほしいという願いから、出版されました。

現代は、障害のある人の高齢化の問題だけでなく、介護者（主に親）の高齢化を含めた多問題家庭の問題、引きこもり家庭の問題、児童・障害者・高齢者への虐待問題、新型コロナウイルス感染症から派生している生活困窮家庭の問題など、さまざまな課題が複合的に重なり合った問題が数々生じています。そのため、これまでの介護保険制度を中心とした高齢者福祉と障害者総合支援法を中心とした障害者福祉、児童福祉法を中心とした児童福祉、生活困窮者自立支援制度を中心とした生活困窮者福祉といった分野別の縦割り制度では対応ができない状況が生まれているといってもよいと思います。

2020年6月には、社会福祉法が改正され、その中で、国は地域共生社会の構築を社会福祉政策の柱に据え、これまでの分野別の縦割り制度から分野横断的な制度への移行に向けての相談支援体制の重要性を強調しています。特に、介護支援専門員と相談支援専門員との連携は、ケアマネジメント実践の専門職の連携であり、共生社会に向けた相談体制の基本になるものです。その点で、本書は、社会状況からみて、たいへん時宜を得たものであると思います。

本書は主に介護支援専門員の読者を念頭に置いていますが、高齢者の介護に関わる方、あるいは、障害者の相談支援や介護に関わる方にも、ぜひ、読んで欲しいと思います。

2021年2月

小澤　温

目次

解説編

第1部　介護保険サービスと障害福祉サービス

第2部　ケアマネジャーと相談支援専門員の連携のポイント

Q&A編

解説編

－Ⅰ－
障害者が介護保険を利用するケースとは

1　介護保険の意味

私たちの社会はいま、世界でも例を見ない高齢化に直面しています。また、高齢化の速度も極めて速いものであり、1960年に5.7%・540万人であった高齢化率・高齢者数は、2019年では28.4%・3,589万人となるなど、高齢化率で5倍、高齢者数では6倍の伸びを示しています（「令和2年版高齢社会白書」より）。

高齢者が増加することは、社会にとってプラスとなる面もたくさんありますが、一方で疾病や心身機能の低下に伴う生活課題や所得面で不安を抱える人の増加といった問題も避けては通れません。介護問題もその一つであり、寝たきりや認知症などにより介護を必要とする高齢者は年々増加してきました。

さらには、医療や介護に関する知識・技術は長足の進歩を遂げ、たとえ脳梗塞となっても適切な治療とその後のリハビリ等により回復する人がいる一方で、介護状態が長引く人も増えるなど、介護期間も長期化の傾向にあります。

一方で、介護の支え手を見ていくと、かつては身寄りのない人等を中心に福祉施設・医療機関が支えるほかは多人数同居の家族（特に女性）に頼ってきた私たちの社会は、高度経済成長を契機として激変し、世帯構成員数の減少（核家族化・老老介護など）、男女の雇用機会均等（女性の就労・社会進出）などにより、家族（特に女性）だけによる介護はもはや限界にあると言えますし、また女性を踏み台にして、なんとか成立してきたこれまでの構造は今後も継続していくべきものではないでしょう。

このような変化は、「高齢者の介護をいかにして“社会全体”で支えていくか」という課題を国民全体に投げかけることとなりました。同時に、人権に対する意識の成熟もあいまって、単に介護の担い手をどうするかだけでなく、何よりも高齢者の尊厳をいかにして保持するかという課題にも目が向けられるようになりました。単に介護サービス基盤を増やせばよいというだけでは根本的な対応とはならないことが明らかになってきました。

国民共通の課題としての介護の社会化への対応と、担い手の確保と高齢者の尊厳の保持の両立を展望したとき、当時の制度（福祉の措置制度・医療と福祉にまたがる複数の制度など）の充実では抜本的な解決とはならないことなどが、新たな制度の必要性の根拠となっています。このような背景を持って創設されたものが介護保険制度です。

近年では、介護保険サービスと障害福祉サービスの併用を巡る議論、ひいては高齢障害者にかかる議論が活発になりつつありますが、お互いを理解しつつ建設的な議論を行うためにも、サービスについては双方の制度の目的や背景を、人についてはそれぞれの人が歩んできた人生と、その各段階でどのような社会的環境の下にあったか等に配慮することが大事であると思われます。

この点で介護保険制度を考えるならば、大きくは２つの点を見落とすことのないように気をつけるべきです。つまりは、「介護保険のサービスは障害等の特定の状態にある者を排除するものではない」という普遍性をもつ一方で、「介護保険の介護とは、全世代を網羅しうる介護ではなく、また、日常生活面での介護に限定されること」という特殊性ではないでしょうか。平易な表現をすれば、介護保険制度は「高齢者の日常生活上の介護に関する保険制度」となるかもしれません。これは介護保険制度の是非や良否を問うものではなく、前述の背景から誕生した制度である以上は当然のことであると言えます。時として介護保険制度の限定的な側面が批判されることもありますが、介護保険制度は高齢者の生活全般はもとより、日常生活以外の介護までもカバーするものではありません。当初から日常生活に限定して創設された制度ですから、この点を批判しても意味はありません。であるからこそ、介護保険制度ではカバーしきれない高齢者の尊厳や生きがいを「何で」「どこで」「誰が」支えていくかといった議論が重要となりますし、老人福祉法や社会福祉法（地域福祉の領域）、障害者総合支援法などとの連続性・連携の確保に関する議論が意味をもつこととなります。

本書を手に取る方が介護支援専門員や介護保険サービス事業に従事されている方であれば、介護保険制度で担えないものは何であるかについて、また、相談支援専門員や障害福祉サービス事業に従事されている方であれば、介護保険サービスをいかに効果的・効率的に利用しながら生活水準を維持していくかを横断的に考えていくことが必要です。

2　特定疾病のある40歳以上65歳未満の者とは

介護保険制度と障害者の関係を考えるとき、第１号被保険者（65 歳以上の者）、第２号被保険者（40 歳以上 65 歳未満の医療保険加入者）、40 歳以上 65 歳未満で医療保険未加入の人に分けて理解することが必要です。

まず第１号被保険者の場合ですが、要介護認定についてはその原疾患等を問うことはありません。例として、交通事故であっても脳血管疾患であっても、結果として左片麻痺（左上肢及び左下肢）である場合、当該状態に対する調査結果によって認定が行われます。

一方で第２号被保険者の場合には、介護を必要とする状態となった原因によって、介護保険サービスを利用できる場合と利用できない場合に分かれます。先の例であれば、脳血管疾患による左片麻痺の人については要介護認定がおりる可能性が高いですが、交通事故による左片麻痺の人については、65 歳に到達するまでは介護保険サービスを利用することはできず（要介護認定はおりない)、障害福祉サービスを利用することとなり、65歳到達時に要介護認定を受けることとなります。第2号被保険者が要介護認定を受けられるためには、次に掲げる16の疾病を原因とした要介護状態であることが必要です。この16の疾病を「特定疾病」と呼んでいます(表1)。

表１　介護保険における特定疾病

①末期がん　②関節リウマチ　③筋萎縮性側索硬化症(ALS)　④後縦靭帯骨化症　⑤骨折を伴う骨粗鬆症　⑥初老期における認知症　⑦進行性核上性麻痺、大脳皮質基底核変性症及びパーキンソン病　⑧脊髄小脳変性症　⑨脊柱管狭窄症　⑩早老症　⑪多系統萎縮症　⑫糖尿病性神経障害、糖尿病性腎症及び糖尿病性網膜症　⑬脳血管疾患　⑭閉塞性動脈硬化症　⑮慢性閉塞性肺疾患　⑯両側の膝関節又は股関節に著しい変形を伴う変形性関節症

次に、40歳以上65歳未満で医療保険に未加入の人については、介護「保険」サービスを利用することはできません(被保険者ではないため)。この場合は、

① 障害支援区分の認定がされるかどうかをまず判定し、該当する場合には特定疾病であるか否かを問わず障害福祉サービスを利用することとなります。

② 障害支援区分で非該当となる場合、初めて特定疾病であるか否かが重要となってきます。特定疾病である場合は、要介護認定と同様の調査が行われ、生活保護法による認定がされた場合には、生活保護法の介護扶助により介護サービスが現物給付されます

同一のサービスで制度が異なる場合の関係を適用順に示すと、「介護保険サービス」＞「障害福祉サービス」＞「介護扶助(生活保護法)」となります(図1)。

図１　介護保険・障害福祉・生活保護の適用関係

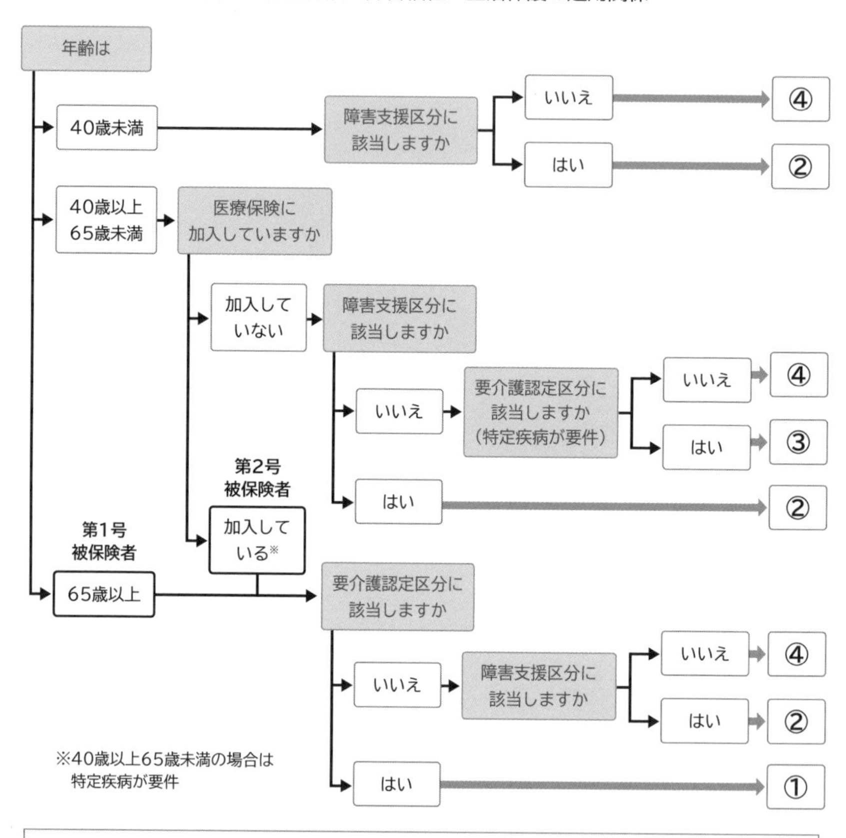

介護保険法・障害者総合支援法・生活保護法のサービス利用の可否

①介護保険法に規定する訪問介護の利用が優先します。
（生活保護の被保護者の場合には自己負担分が介護扶助で給付されます。）

②障害者総合支援法に規定する居宅介護を利用します。

③生活保護法に規定する訪問介護を利用します。
（全額が介護扶助として現物給付されます。）

④利用することはできません。

著者作成

3　障害者支援施設からの退所、地域移行で介護保険を利用する場合

介護保険制度と障害者総合支援制度について、施設の位置づけの理解は、特に介護（保険）領域で仕事をされている方にとってはとても大きな意味をもつものです。「施設の位置づけが違う」ことを理解することが、障害者特に高齢障害者の支援にたずさわるうえで大事なポイントとなります。

障害者支援施設と介護老人福祉施設（特別養護老人ホーム）との違いを端的に表現すれば、「生活施設か否か」となります。

特別養護老人ホームは従来から「生活施設」として位置づけられてきました。一方で、障害者支援施設はその成立から今に至るまで、一度たりとも生活施設として位置づけられたことはありません。障害者支援施設はあくまでも「通過施設」であるべきものです。

これは施設の基準を比べても明らかとなります。例えば、特別養護老人ホームの居室定員の変遷を見ていくと、８人→４人→２人→１人と変わってきており、現在では個室が原則となっています。これらの施設が生活施設である以上、個室を原則とするのはある意味当然であると言えるでしょう。一方で障害者支援施設の基準を見ると、８人→４人までは同じですが、現在でも「原則として４人以下」であるにとどまり、１人（個室）とはなっていません。一時的な居場所なのですから、必ずしも個室である必要はない（医療機関への入院と同じ）という考え方に基づくものであると言えます。

一方で現実を見ると、施設の性格と実態が大きく乖離していることがわかります。生活施設つまり「終の棲家」としての利用が可能な特別養護老人ホームの平均入所期間が約４年であるのに対し、通過施設であるべき障害者支援施設のうち主に知的障害者を支援する障害者支援施設では、入所期間が10年未満の人は３割弱（29.3%）に過ぎず、20年以上入所している人は４割近く（39.6%）に上ります（厚生労働省「社会福祉施設等調査」）。

このように考えると、なぜ障害福祉領域では施設からの退所、地域移行を

掲げ続けているのか、現在では障害者支援施設の新規整備を原則認めないのかが明確になってきます。現実的には障害者支援施設への入所を選択するケースは今も絶えることはありませんが、少なくとも障害者支援施設を生活の場として考えての結果ではありません。その人が暮らす地域の在宅サービス基盤や地域住民等の理解・相互交流の不足等によるやむを得ない選択、緊急避難・一時避難としての選択であったり、本来の通過施設としての役割に期待（一時的に集中的・連続的な支援の効果を期待）したうえでの選択であったりすることに留意する必要があります。

少々前置きが長くなりましたが、ここでこれら障害者支援施設から退所を希望する人に対する支援のあり方を考えたいと思います。本章は介護保険との関連を考えるものですので、ここでは介護ニーズのある人に限定することとします。

実はこれらの人たちの多くは年齢にかかわらず、介護保険の被保険者証を持っていない場合が少なくありません。以下に「適用除外施設」について説明をします。

介護保険法第9条は、第1号被保険者及び第2号被保険者の要件を定義しています。しかしながら、介護保険法施行法第11条において、「介護保険法第9条の規定にかかわらず、〜に入所しているもの（略）は、介護保険の被保険者としない。」としています。同条及び介護保険法施行規則第170条に定められている施設を、介護保険の適用除外施設といい、この中に障害者支援施設の一部が該当しています（表2）。

適用除外施設に入所している人で介護ニーズのある人が退所する場合、介護保険との関係がどのようになるかについてですが、①40歳以上65歳未満の人については、医療保険に加入していれば第2号被保険者となり、②65歳以上の人についてはすべて第1号被保険者となります。ただし、いずれの場合でも入所中は被保険者ではないわけですから、退所時に被保険者資格を得た後に要介護認定の申請をするという運用であれば、特例介護サービ

表２　介護保険の適用除外施設

①医療型障害児入所施設　②児童福祉法に規定する厚生労働大臣が指定する医療機関　③独立行政法人国立重度知的障害者総合施設のぞみの園が設置する施設　④国立及び国立以外のハンセン病療養所　⑤救護施設　⑥労働者災害補償保険法に規定する被災労働者の受ける介護の援護を図るために必要な事業に係る施設　⑦障害者支援施設（生活介護を行うものに限る。）　⑧指定障害者支援施設（生活介護及び施設入所支援に限る。）　⑨指定障害福祉サービス事業者である病院（療養介護を行うものに限る。）

※この適用除外施設から退所し、介護保険の住所地特例施設に引き続き入所した場合に、どの市区町村が（施設所在の市区町村か施設入所前に住所のあった市区町村か）保険者となるかについては、2018（平成30）年４月１日より見直しがされていますので注意が必要です。

※適用除外という意味は、これらの施設では介護保険に相当する（または上回る）サービスが提供されている一方で、施設外のサービスを利用することは困難であることから、介護保険料の負担を求めないと言う意味で被保険者とはしないというものです。

ス費の適用をしない限り、介護ニーズに対する手当てがなされない「空白」期間が生じてしまいます。このことについては、厚生労働省からの通知で、退所の３カ月前から準備認定が可能とされていますので、急な退所でない限りは、退所後に保険者となる市町村（住所地特例施設に継続入所する場合と地域移行する場合とでは保険者が異なる場合あり）と十分に調整を行い、退所後の円滑な介護サービス利用につなげていく必要があります。

ただし、ここまで述べてきたことはいずれも制度適用だけのことであり、その人の「生活」「生き方」の一側面でしかありません。最も大事に考えるべきことは、どの（制度の）サービスを使うかではなく、それらのサービスを使いながら、地域でいかにしていきいきと生活していくかであることは言うまでもありません。障害者支援施設に入所している人は、先に見たように長期間入所している場合が少なくありません。そのような人が地域で生活する場合、サービス以外の地域との接点や周囲との交流、参加の機会を本人と一緒に考え、環境を整えていかなければ、極端に言えば「定員50人の施設を退所して定員1人の施設に入所した」という状況になりかねません。

ここでいう「施設」とは外形的なものではありません。障害者支援施設であっても老人福祉施設であっても、入所している人が地域住民の一人としていきいきと暮らしている、そのような暮らしを支援している素晴らしい施設はたくさんあります。一方で、外形的な施設ではなく、共同生活や自宅での生活を送る人（いわゆる居宅生活者・地域生活者）であっても、介護保険サービス・障害福祉サービスの従事者としか接点がない日常生活を送っている場合もあります。いま問われているのは、生活の場所が施設か居宅かという以上に、日常生活の環境やどのような機会に恵まれているかであると言ってよいでしょう。

4　生活保護の「みなし2号」の障害者

先に見てきたように、40歳以上65歳未満の人の場合には、①介護保険の被保険者（第2号被保険者）か、②特定疾病に該当するかで大きく分かれてきます。

生活保護の「みなし2号」と通称されるケースは、(A) 医療保険の未加入者で（介護保険の第2号被保険者ではなく）、(B) 障害支援区分では非該当となり障害福祉サービスを利用していないが、(C) 特定疾病に起因するものとして生活保護法に基づく認定を受け介護扶助により介護サービスを利用している人のことを言います。

このような人の場合は、居宅で生活している場合はともかく（援護の実施者と住所地が同じであるため）、居住地特例施設に入所している場合などでは注意が必要です。

5　障害福祉と介護保険のサービスの併用

障害福祉サービスと介護保険サービスの併用を考えるときに必ず押さえておかなければならないのは次の条文です。

> 自立支援給付は、当該障害の状態につき、介護保険法（略）の規定による介護給付（略）であって政令で定めるもののうち自立支援給付に相当するものを受け、又は利用することができるときは政令で定める限度において（略）行わない。（障害者総合支援法第７条）

障害者総合支援法と介護保険法の両方のサービスの対象となる人の例としては、両下肢の麻痺で身体障害者手帳を所持し要介護区分にも該当する70歳の人などです。これらの人が両法に共通するサービス、例えばホームヘルプサービスにある入浴介助を希望する場合、介護保険のサービス（訪問介護）が障害福祉サービス（居宅介護）よりも優先することとなります。ところで、この“併用”を考えるとき、障害福祉または介護保険サービスに関わる方が留意しておく点としては以下のものがあります。

まずは、何をおいてもその人の意向を最優先に考えることは言うまでもありませんが、そのうえで、

①　両制度・サービスの共通点と違いをしっかりと押さえておくこと

②　制度に合わせるのではなく、その人の意向に合う制度やサービスを考えること

③　用語や名称に引きずられることなく本来のあり方を考えること

などがとても大事になります。

まず、サービスを整理してみましょう。介護保険サービスと障害福祉サービスの共通部分・相違部分を表すと図２のようになります。

両制度の対象となる場合は、原則として次の考え方となります。

①　両制度に共通するサービスで要介護認定を受けることができる場合には、介護保険サービスが優先される

② 介護保険の支給限度基準額を上回る利用が必要な場合には、介護保険サービスに上乗せする形で、障害福祉サービスの併用が可能（いわゆる「上乗せ」サービス）

③ そもそも介護保険にはないサービスは、介護保険サービスと当該障害福祉サービスの双方の利用が可能（いわゆる「横出し」サービス）

図２　両制度のサービスの関係

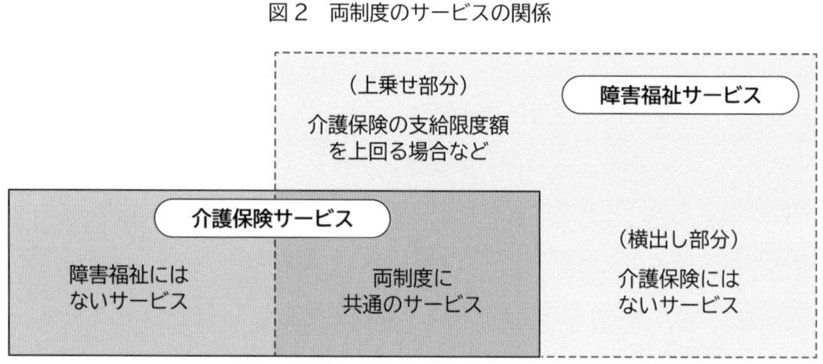

出典：厚生労働省資料他に筆者加筆

上記のうち、最もわかりやすいものは③の横出しサービスでしょう。例えば就労移行支援や就労継続支援といった“訓練”等給付に属するサービスは当然ながら“介護”保険にはないものであり、これらは介護保険からのサービスを利用しているかいないかにかかわらず利用することは可能です。

次に②の上乗せサービスとしては、重度訪問介護などが考えられます。最重度の障害のある人の場合には、介護保険制度の支給限度基準額以内の訪問介護の利用だけでは在宅生活が困難な場合が少なくありません。このような場合には、支給限度基準額を超える部分を障害福祉サービスで補うという利用が考えられます。

残る①（共通部分）ですが、訪問介護（介護）と居宅介護（障害）などの介護給付に属するサービスについては、一般社団法人兵庫県相談支援ネットワークがまとめた「高齢障害者ケアマネジメント充実強化事業」報告書が参考となります（表3）。

表３からもわかるように、一見すると共通と思われるサービスであっても“完全一致”となるわけではありません。例えば居宅介護と訪問介護については、身体介護や生活援助の行為において大きな開きは見られないものの、その支援する範囲では居宅介護の方がより広い内容を含むものと解することができます（表4）。

また、何よりも厚生労働省通知における「一律の優先適用や判断は不可」との通知にもあるように、心身状況や理由の多様性を十分に勘案し、障害福祉制度固有のサービスと介護保険サービスの併用が可能なことはもとより、一見すると共通性が高いサービスにおいても、介護保険サービスだけでは賄えない（支給限度基準額だけではなく、その所管範囲の差を含む）場合には、併用について柔軟な運用が求められます。

【移行と併用】

ここまで読み進めてきた方の中には、「移行」ではなく「併用」という語句が多く用いられていることに気付かれた方がおられるかと思います。本節では、意識的に「移行」という語句を可能な限り避けていますが、これには理由があります。皆さんは「移行」という言葉にどのようなイメージを抱かれるでしょうか。一般的には「移行」とはＡからＢに移るという意味ですので、障害福祉サービスから介護保険サービスへの移行としてしまうと、65歳になれば障害福祉サービスは使えなくなると解釈してしまうかもしれません。

しかしながら、これまでに見てきたように、介護保険サービスと障害福祉サービスで完全一致するものはほとんどないわけですから、たとえ65歳になったとしても、常に両制度のサービスを意識しておくことが必要となります。

表３　障害福祉サービスと介護保険サービスの共通点・相違点

サービス種別等	区分			備考
	1	2	3	
居宅介護			○	サービスの所管範囲等から見て部分一致
重度訪問介護			○	外出を含めた包括支援、対象が重度障害者
同行援護	○			外出（社会参加）の支援は介護保険にはない
行動援護	○			外出時の危険回避の支援は介護保険にはない
療養介護	○			重心施設等の年齢超過児等に対する支援
生活介護			○	生産活動が中心となる場合など一部において異なる
短期入所			○	重度障害者に対する支援の点で異なる場合がある
重度障害者等包括支援		○		基本は訪問、対象は著しく重度の障害者に限定
自立訓練		○		医学的管理の有無等及び生活リハ等の内容・対象等
就労移行支援	○			就労に関する支援は介護保険にはない
就労継続支援	○			就労に関する支援は介護保険にはない
共同生活援助		○		支援時間や目的等において異なる
補装具	○			補装具という“考え方”自体が介護保険にはない（※）
日常生活用具			○	品目において介護保険と一部相違
移動支援事業	○			外出（社会参加）の支援は介護保険にはない

区分１：介護保険に相当するサービスがないことが明らかなもの
区分２：介護保険に外見上類似すると思われるサービスがあるが内容として異なるもの
区分３：一定の共通点があるが、障害の状況等によっては異なる支援が含まれるもの
（※）車いす・歩行器・歩行補助つえは、「用具」として介護保険で対応できる場合がある。

出典：『「高齢障害者ケアマネジメント充実強化事業報告書」（2015 年度）』、一般社団法人兵庫県相談支援ネットワークより抜粋・加筆

表４　訪問介護（介護保険）と居宅介護（障害福祉）の支援内容

訪問介護	居宅介護
居宅において行われる入浴、排せつ、食事等の介護、調理、洗濯、掃除等の家事（**居宅要介護者が単身の世帯に属するため又はその同居している家族等の障害、疾病等のため、これらの者が自ら行うことが困難な家事であって、居宅要介護者の日常生活上必要なものとする。**）、生活等に関する相談及び助言その他の必要な**日常生活上の世話**（法第８条第２項、下線部は施行規則第５条）	居宅において入浴、排せつ又は食事等の介護、調理、洗濯及び掃除等の家事並びに生活等に関する相談及び助言その他の**生活全般にわたる援助**（法第５条第２項、下線部は施行規則第１条の３）

著者作成

私たちはどうしても言葉のもつイメージから完全に自由になることができません。その意味でも、専門職だけでなく、行政においても「移行」という言葉を安易に使うことなく、その影響を含め慎重に言葉を選びながら、利用者や家族への説明を行うことが必要です。

図３「移行」と「併用」のイメージ

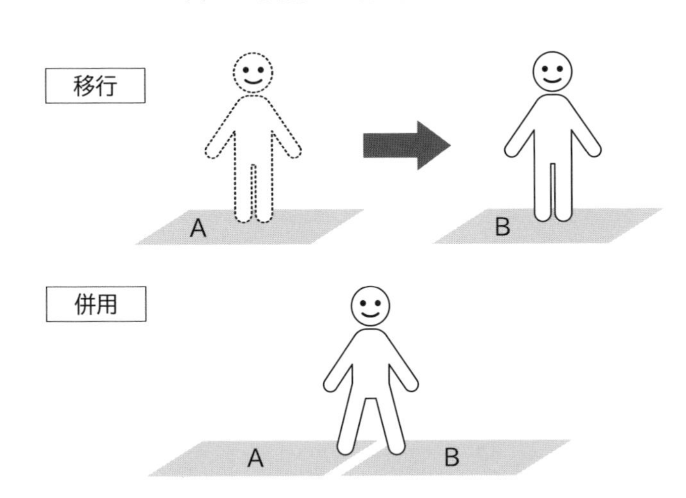

【共生型サービスと共生社会】

その意味では、共生型サービスについても同様の配慮が必要となります。共生型サービスとは、一つの事業所で介護保険サービスも障害福祉サービスも提供がしやすくなるよう、2018 年度に創設されたものです。結果として、障害者が 65 歳となっても事業所を移ることなく、そのままで介護保険サービスを利用することができたり、事業所の少ない地域で、介護サービス事業所が障害福祉サービスを提供できるようになるなどの利点があり、また、実際のサービス提供の場面でも、高齢者と障害者が共にサービスを受けることでの効果についても報告されています。

しかしながら、これらの利点・効果と、これらのサービスを「共生型」と称することは別問題であると考えておく必要があります。障害者基本法にある共生社会とは、「全ての国民が、障害の有無によつて分け隔てられることなく、相互に人格と個性を尊重し合いながら共生する社会」（第１条）を言います。この定義から見て、共生型サービスはどうでしょうか。

仮に、通所系の共生型サービス事業所が何らの配慮も行わないとすると、その事業所内では、“介護が必要な”高齢者と、“支援が必要な”障害者と、これらの人々を支援する専門職だけしか存在しない風景となります。これはもはや共生とは正反対の、介護の必要の有無や障害の有無によって分け隔てられた状態、「分離」「隔離」に他なりません。そして、分離された人々が高齢者も障害者も共に存在している風景とは、かつての救貧法時代（イギリス）に批判された混合収容と何が違うというのでしょうか。

このような視点をもって共生型サービスを考えるならば、事業所が相当に配慮していくことが求められます。例えば、共生型サービスの事業所では、利用者と専門職のほかに、介護を“必要としない”高齢者も、障害のない人も自由に出入りできる、相互に交流があるといった空間と時間が常にあるといった工夫です。

専門職にあっては、法律や制度が使用している語句に惑わされることなく、本来はどうあるべきかを意識しておく必要があると言えます。

- Ⅱ -
障害福祉サービスを知ろう

1　サービスの種類と内容

（1）障害者総合支援法による障害者を対象としたサービスの全体像

「障害者総合支援法」は、障害者が基本的人権を享有する個人としての尊厳にふさわしい日常生活や社会生活を送れるようにするため、障害者が利用する各種のサービスに特化して定めた法律です。

必要なサービス給付や支援を総合的に行って、障害者及び障害児の福祉の増進を図り、障害の有無にかかわらず、国民が相互に人格と個性を尊重し安心して暮らすことのできる地域社会の実現に寄与することを目的に、「障害者自立支援法」から名称を変更し、2013年度から施行されました。

障害者総合支援法の対象となるのは、身体障害者、知的障害者、精神障害者（知的障害を伴わない発達障害者を含む）、そして難病のある人たちです。それぞれの障害者の具体的な定義は各障害者福祉法等の定めるところによりますが、身体障害者を除き、障害者手帳を有することは必須要件ではなく、必要と認められると支援が受けられます。

以下、障害者を対象としたサービスについて、図1に沿って説明します。

障害者総合支援法により行われる障害者を対象としたサービスは、大別して、市町村が個別に支給決定を行う「自立支援給付」（図1中の①）により行われるものと、市町村・都道府県の創意工夫により、地域の障害者の状況に応じて柔軟に実施できる「地域生活支援事業」（同②）とがあります。

図１　障害者を対象としたサービス

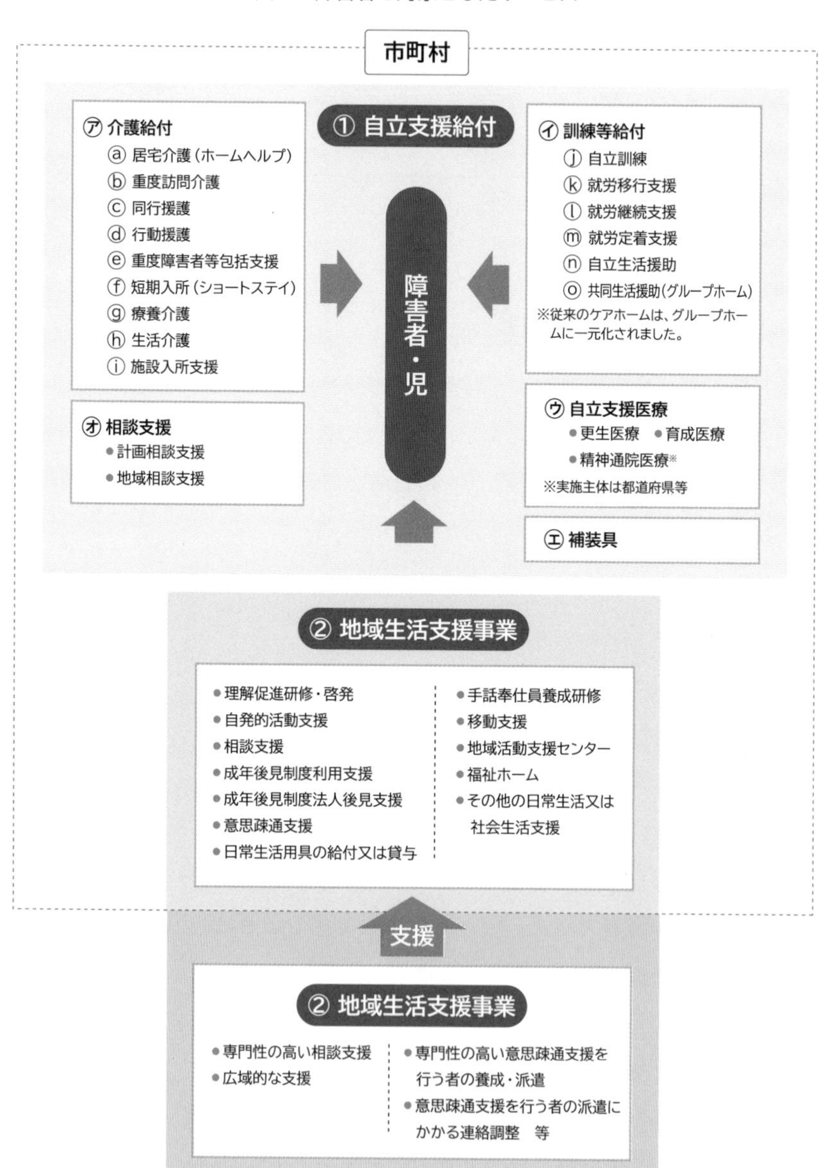

出典：『障害福祉サービスの利用について（2018 年 4 月版）』P.3、全国社会福祉協議会　一部改変

①自立支援給付

自立支援給付は、障害者総合支援法の中心的なサービスの給付であり、原則として国がその費用の２分の１を負担するよう法律で定められています（義務的経費）。自立支援給付はその内容によって「介護給付」（図１中の㋐）、「訓練等給付」（同㋑）、「自立支援医療」（同㋒）、「補装具」（同㋓）、「相談支援」（同㋔）から構成されます。

ア　介護給付

介護給付が行われるサービスは、「居宅介護（ホームヘルプ）」（同ⓐ）、「重度訪問介護」（同ⓑ）、「同行援護」（同ⓒ）、「行動援護」（同ⓓ）、「重度障害者等包括支援」（同ⓔ）、「短期入所（ショートステイ）」（同ⓕ）、「療養介護」（同ⓖ）、「生活介護」（同ⓗ）、「施設入所支援」（同ⓘ）の９種類です。

イ　訓練等給付

訓練等給付が行われるサービスは、「自立訓練」（同ⓙ）、「就労移行支援」（同ⓚ）、「就労継続支援」（同ⓛ）、「就労定着支援」（同ⓜ）、「自立生活援助」（同ⓝ）、「共同生活援助（グループホーム）」（同ⓞ）の６種類です。

ウ　自立支援医療

自立支援医療は、自立した日常生活や社会生活を送るために必要な心身の障害の軽減を図る医療について、その医療費の自己負担額を軽減する公費負担医療制度です。

エ　補装具

補装具は、義肢、装具、車いすなどの、障害者の身体機能を補完または代替し、かつ、長期間にわたって継続して使用されるものをいい、その購入等の費用が支給されます。

オ　相談支援

相談支援は、障害者やその家族からの福祉に関する各種相談に応じて必要な情報の提供及び助言を行います。

②地域生活支援事業

地域生活支援事業は、住民に最も身近な市町村を中心として実施されるもので、自治体が創意工夫をして事業の詳細を決定・実施します。そのため、対象者や利用料など事業内容の詳細は自治体により異なります。

次に、障害者総合支援法による自立支援給付の中でも中心的な給付である介護給付・訓練等給付と、それらを利用するためのケアマネジメントを行う相談支援給付について、詳細を見ていきましょう。

（2）障害福祉サービス（介護給付、訓練等給付）

介護給付と訓練等給付の合計15種類のサービスは、総称して「障害福祉サービス」と呼ばれます（表1）。その利用にあたっては、市町村により支給決定が行われ、またケアマネジメントが行われるなど、介護保険のサービスの利用のプロセスに類似しています。これら障害福祉サービスには期限のあるものと期限のないものがありますが、期限のあるサービスであっても、必要に応じて支給決定の更新が可能となる場合があります。

①介護給付

介護給付は、障害に起因する日常生活上継続的に必要な介護支援で、9種類のサービスがあります。

ア　訪問系サービス

ヘルパーが主に自宅に出向いて支援や介助を行う訪問系サービスは、「居宅介護（ホームヘルプ）」（表1中のⓐ）、「重度訪問介護」（同ⓑ）、「同行援護」（同ⓒ）、「行動援護」（同ⓓ）、「重度障害者等包括支援」（同ⓔ）の5種類です。

イ　日中活動系サービス

自宅ではない特定の場所でサービス提供を行う日中活動系サービスは、

表１　障害福祉サービス等の体系（介護給付・訓練等給付）

分類	給付	サービス	対象	内容
訪問系	①介護給付	ⓐ居宅介護（ホームヘルプ）	者 児	自宅で、入浴、排せつ、食事の介護等を行う
訪問系	①介護給付	ⓑ重度訪問介護	者	重度の肢体不自由者又は重度の知的障害若しくは精神障害により行動上著しい困難を有する者であって常に介護を必要とする人に、自宅で、入浴、排せつ、食事の介護、外出時における移動支援、入院時の支援等を総合的に行う
訪問系	①介護給付	ⓒ同行援護	者 児	聴覚障害により、移動に著しい困難を有する人が外出する時、必要な情報提供や介護を行う
訪問系	①介護給付	ⓓ行動援護	者 児	自己判断能力が制限されている人が行動するときに、危険を回避するために必要な支援、外出支援を行う
訪問系	①介護給付	ⓔ重度障害者等包括支援	者 児	介護の必要性がとても高い人に、居宅介護等の複数のサービスを包括的に行う
日中活動系	①介護給付	ⓕ短期入所（ショートステイ）	者 児	自宅で介護する人が病気の場合などに、短期間、夜間も含めた施設で、入浴、排せつ、食事の介護等を行う
日中活動系	①介護給付	ⓖ療養介護	者	医療と常時介護を必要とする人に、医療機関で機能訓練、療養上の管理、看護、介護及び日常生活の世話を行う
日中活動系	①介護給付	ⓗ生活介護	者	常に介護を必要とする人に、昼間、入浴、排せつ、食事の介護等を行うとともに、創作的活動または生産活動の機会を提供する
施設系	①介護給付	ⓘ施設入所支援	者	施設に入所する人に、夜間や休日、入浴、排せつ、食事の介護等を行う
居住支援系	②訓練等給付	ⓙ自立生活援助	者	一人暮らしに必要な理解力・生活力等を補うため、定期的な居宅訪問や随時の対応により日常生活における課題を把握し、必要な支援を行う
居住支援系	②訓練等給付	ⓚ共同生活援助（グループホーム）	者	夜間や休日、共同生活を行う住居で、相談、入浴、排せつ、食事の介護、日常生活上の援助を行う
訓練系・就労系	②訓練等給付	ⓛ自立訓練（機能訓練）	者	自立した日常生活又は社会生活ができるよう、一定期間、身体機能の維持、向上のために必要な訓練を行う
訓練系・就労系	②訓練等給付	ⓜ自立訓練（生活訓練）	者	自立した日常生活又は社会生活ができるよう、一定期間、生活能力の維持、向上のために必要な支援、訓練を行う
訓練系・就労系	②訓練等給付	ⓝ就労移行支援	者	一般企業等への就労を希望する人に、一定期間、就労に必要な知識及び能力の向上のために必要な訓練を行う
訓練系・就労系	②訓練等給付	ⓞ就労継続支援（A型）	者	一般企業等での就労が困難な人に、雇用して就労の機会を提供するとともに、能力等の向上のために必要な訓練を行う
訓練系・就労系	②訓練等給付	ⓟ就労継続支援（B型）	者	一般企業等での就労が困難な人に、就労する機会を提供するとともに、能力等の向上のために必要な訓練を行う
訓練系・就労系	②訓練等給付	ⓠ就労定着支援	者	一般就労に移行した人に、就労に伴う生活面の課題に対応するための支援を行う

（注）表中の 者 は「障害者」、児 は「障害児」であり、利用できるサービスにマークを付している。

出典：『障害福祉サービスについて』、厚生労働省ホームページ、https://www.mhlw.go.jp/stf/seisakunitsuite/bunya/hukushi_kaigo/shougaishahukushi/service/naiyou.html（2021 年 2 月 19 日最終閲覧）　一部改変

「短期入所（ショートステイ）」（同ⓕ）、「療養介護」（同ⓖ）、「生活介護」（同ⓗ）の３種類です。

ウ　施設系サービス

施設に入所する人に対し、夜間や休日に入浴、排せつ、食事の介護等を行う「施設入所支援」（同ⓘ）も介護給付のサービスの一つです。

②訓練等給付

訓練等給付は、障害者が地域で生活を行うために一定期間提供される訓練的支援で、「自立生活援助」、「共同生活援助（グループホーム）」、「自立訓練」、「就労移行支援」、「就労定着支援」、「就労継続支援」の６種類のサービスがあります。

ア　居住支援系サービス

地域での居住に関わる支援を行う居住支援系サービスは、「自立生活援助」（同ⓙ）と「共同生活援助（グループホーム）」（同ⓚ）の２種類です。

イ　訓練系・就労系サービス

障害者が自立した日常生活または社会生活ができるようにするために行う一定期間での必要な訓練が自立訓練で、「自立訓練（機能訓練）」（同ⓛ）と「自立訓練（生活訓練）」（同ⓜ）の２つのタイプがあります。

障害者の就労に関わる支援を行う就労系サービスは、「就労移行支援」（同ⓝ）、「就労定着支援」（同ⓠ）、「就労継続支援」の３種類です。就労継続支援には、雇用契約を結んで就労する「就労継続支援（A型）」（同ⓞ）と雇用契約を結ばない「就労継続支援（B型）」（同ⓟ）の２つのタイプがあります。

（３）相談支援給付

障害福祉サービスの利用支援を行う「計画相談支援」と、入所施設や精神科病院等から地域に移行したい人や居宅で単身生活する人といった特定の状況にある障害者の相談に応じる「地域相談支援」の２種類があります。

①計画相談支援

計画相談支援は、障害福祉サービス利用にかかるケアマネジメントです。具体的な内容は、以下のとおりです。

ア　障害福祉サービスの申請や変更申請時

障害者やその保護者の心身の状況、環境、サービス利用意向等を勘案してサービス等利用計画案を作成する。

イ　支給決定後

指定障害福祉サービス事業者等と連絡調整等を行ってサービス等利用計画を作成する。

ウ　サービス利用開始後

サービス等利用計画が適切であるかどうかのモニタリングを行う。

アとイを「サービス利用支援」、ウを「継続サービス利用支援」といいます。

②地域相談支援

地域相談支援には、「地域移行支援」と「地域定着支援」の２種類があります。

ア　地域移行支援

地域移行支援は、障害者支援施設の入所者や精神科病院に入院している者等で地域生活に移行するために重点的な支援が必要な場合、地域移行支援計画の作成、相談による不安解消、外出への同行支援、住居確保、関係機関との調整等を行います。

イ　地域定着支援

地域定着支援は、居宅において単身で生活している障害者等を対象に常時の連絡体制を確保し、緊急時に必要な支援を行います。

2　サービス利用の流れ

（1）支給決定プロセスの全体像

障害福祉サービス、すなわち介護給付と訓練等給付の合計 15 種類のサービスを利用するには、決められた手続きを経て居住地の市町村による「支給決定」を受ける必要があります（図 2)。支給決定は、個々の障害のある人々の障害程度や勘案すべき事項（社会活動や介護者、居住等の状況）を踏まえて個別に行われます。

利用にあたっては、介護保険で居宅介護支援事業者がケアプランを作成するのと同様、指定特定相談支援事業者による「計画相談支援」（サービス等利用計画の作成とモニタリング）が行われます。

以下、図 2 に沿って、支給決定プロセスを説明します。なお、各プロセスにおける相談支援専門員の業務内容は、「V　相談支援専門員を知ろう」の 103 ～ 110 ページで説明します。

図 2　障害福祉サービスの支給決定プロセス

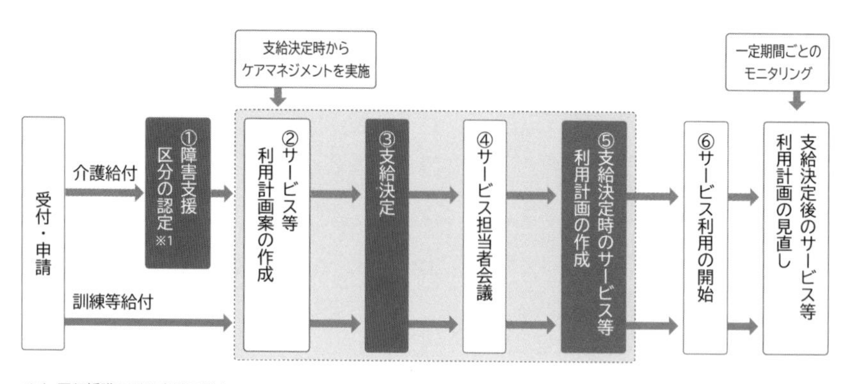

※1 同行援護の利用申請の場合
障害支援区分の認定は必要ありませんが、
同行援護アセスメント調査票の基準を満たす必要があります。

出典：『障害福祉サービスの利用について（2018 年 4 月版）』P.12-13、全国社会福祉協議会　一部改変

①障害支援区分の認定

サービスの利用の希望者は、市町村の窓口に申請し障害支援区分の認定を受けます（図3）。

認定調査員が訪問調査をして把握した80項目と、医師意見書による24項目をコンピュータで一次判定し、各市町村に設置される審査会がその結果と特記事項及び医師の意見書の内容を総合的に勘案して審査判定を行い、その結果に基づき市町村が認定します。

障害支援区分は、障害の多様な特性や心身の状態に応じて必要とされる標準的な支援の度合いを表す、区分１～区分６の６段階の区分です。障害支援区分は必要とされる支援の度合いであって、障害の程度（重さ）とは異なることに注意しましょう。

なお､介護給付では障害支援区分の認定が行われます（一部例外あり）が、訓練等給付では基本的に障害支援区分の認定を行う必要はありません（一部例外あり）。

②サービス等利用計画案の作成

市町村は、サービスの利用の申請をした者に、指定特定相談支援事業者が作成するサービス等利用計画案の提出を求めます。利用者はサービス等利用計画案を市町村に提出します。

③支給決定

市町村は､提出された計画案や勘案すべき事項を踏まえて支給決定します。

④サービス担当者会議

指定特定相談支援事業者は、支給決定された後にサービス担当者会議を開催します。

図３　障害者総合支援法における「障害支援区分」の概要

①障害支援区分の定義（法第4条第4項）

障害の多様な特性その他の心身の状態に応じて必要とされる標準的な支援の度合いを総合的に示すもの。

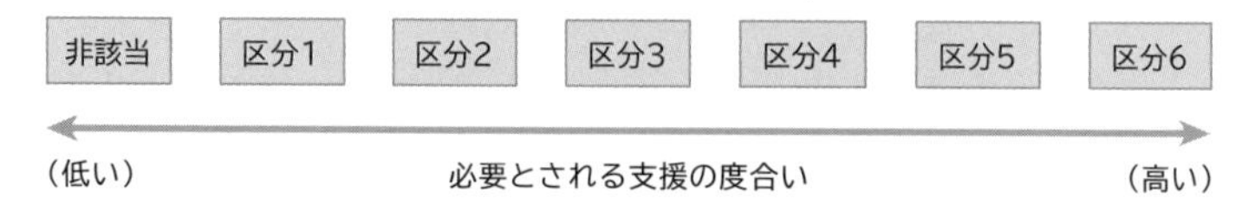

②障害支援区分の認定手続き

市町村は、障害者等から介護給付費等の支給に係る申請を受理した場合、以下の手続きによる「障害支援区分の認定」を行う。

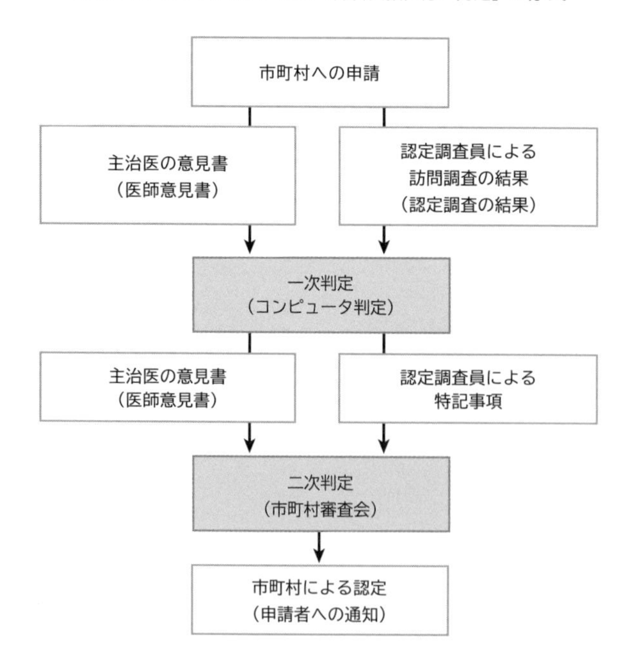

出典：『障害者総合支援法における「障害支援区分」の概要』厚生労働省ホームページ、https://www.mhlw.go.jp/content/000696247.pdf（2021年2月19日最終閲覧）　一部改変

⑤支給決定時のサービス等利用計画の作成

指定特定相談支援事業者は、サービス事業者等との連絡調整を行い、実際に利用するサービス等利用計画を作成します。

⑥サービス利用の開始

サービス利用が開始されます。利用開始後は、一定の期間ごとにモニタリングが行われます。

（２）各サービスと障害支援区分の対応関係

障害福祉サービスの中には、障害支援区分によって使うことが限られるものがあります。各サービスと障害支援区分の対応関係を図４に示します。

居宅介護（ホームヘルプ）や短期入所（ショートステイ）は区分１以上、行動援護や生活介護は区分３以上、重度訪問介護や施設入所支援は区分４以上、療養介護は区分５以上で使うことができます。

介護給付のうち同行援護及び訓練等給付のサービスは障害支援区分がなくても使うことができます。

３　介護保険サービスと障害福祉サービスはここが違う

（１）介護保険制度と障害福祉制度の関わり――人員・設備・運営基準、報酬の違いと共通性

介護保険制度と障害福祉制度は、両方とも、福祉サービスを措置から契約による利用へと変更した社会福祉基礎構造改革を起源にもちます。それゆえ、利用者と事業者との契約を基本に、基礎自治体による制度対象者の認定、ケアマネジメント、国民健康保険団体連合会（国保連）を通じた市町村等への請求・支払いなど、両制度は類似した構造をもっています。

類似しているのは制度の構造だけではありません。介護保険制度と障害福祉制度のサービスの中には相互に内容や機能が相当するものがいくつかあり

図４　障害支援区分と給付の関係

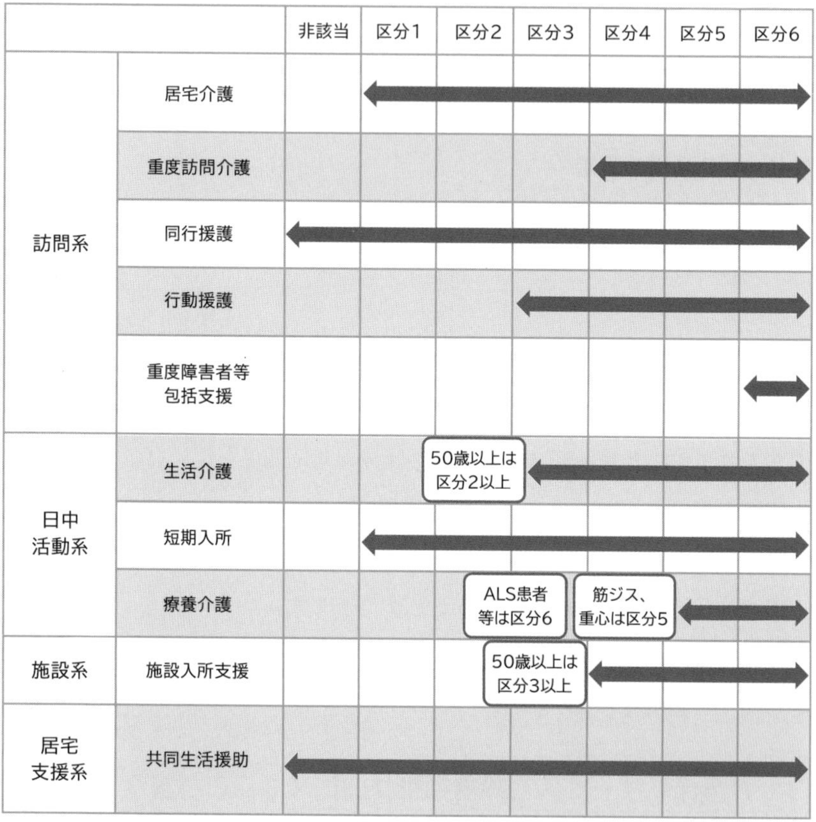

		非該当	区分1	区分2	区分3	区分4	区分5	区分6
訪問系	居宅介護							
	重度訪問介護							
	同行援護							
	行動援護							
	重度障害者等包括支援							
日中活動系	生活介護			50歳以上は区分2以上				
	短期入所							
	療養介護				ALS患者等は区分6	筋ジス、重心は区分5		
施設系	施設入所支援				50歳以上は区分3以上			
居宅支援系	共同生活援助							

※上記以外にも利用要件や加算要件、経過措置等あり

出典：『障害支援区分に係る研修資料〈共通編〉第３版』、厚生労働省

ます。具体的には、ホームヘルプ（介護保険：訪問介護／障害福祉：居宅介護、重度訪問介護）、デイサービス（介護保険：通所介護／障害福祉：生活介護、自立訓練、児童発達支援、放課後等デイサービス）、ショートステイ（介護保険：短期入所生活介護／障害福祉：短期入所）と、介護保険の小規模多機能型居宅介護（障害福祉サービス基準該当の場合）です。

しかしながら、定員、管理者の勤務形態、従事者の資格要件を含めた人員配置基準、設備、サービス提供範囲、居室面積といった、人員・設備・運営に関する基準は介護保険制度と障害福祉制度とで異なり、また報酬も異なります。

なお、2018年度報酬改定では、これらのサービスについて新たに「共生型サービス」が創設され、介護保険または障害福祉いずれかの指定を受けている事業所がもう一方の指定を受けやすくするための要件や報酬が設定されました。

（2）介護保険制度固有のサービス

障害福祉制度にはない介護保険制度に固有のサービスは、介護保険の介護給付を行うサービスでは、訪問看護、訪問リハビリテーション、居宅療養管理指導、通所リハビリテーション、特定施設入居者生活介護などが挙げられます。

予防給付である介護予防サービスや、市町村が指定・監督を行うサービスである介護保険の地域密着型介護サービスでは、障害福祉制度には予防給付や地域密着型という概念がないことから、介護保険固有のサービスとも言えますが、例えば小規模多機能型居宅介護や地域密着型通所介護などは、障害福祉制度と内容や機能が重複します。

また、地域密着型介護サービスのうち、認知症の人を利用対象とする認知症対応型通所介護、認知症対応型共同生活介護は、介護保険制度に固有のサービスと言えるでしょう。

（3）障害福祉制度固有のサービス

介護保険制度にはない障害福祉制度固有のサービスは、大別すると３つに分類されます。

①利用者が限定されるサービス

１つ目は、障害の種類や状態像により利用者が限定されているサービスです。具体的には、視覚障害者の外出時に情報提供や介護を提供する「同行援護」、自己判断能力が制限されている人が危機を回避するために必要な支援や外出支援を行う「行動援護」、介護の必要性が非常に高い人に包括的な支援を行う「重度障害者等包括支援」、医療機関において機能訓練・療養上の管理・看護・医療的管理の下における介護等を行う「療養介護」が挙げられます。

②訓練等給付のサービス

２つ目は、訓練等給付のサービス、すなわち「自立訓練」、「就労移行支援」、「就労定着支援」、「就労継続支援」、「共同生活援助（グループホーム）」、「自立生活援助」です。

これら障害福祉制度固有のサービスと認められるサービスを利用する場合は、介護保険を利用する者であっても障害者総合支援法に基づくサービスを受けることが可能です。

③地域生活支援事業

３つ目は地域生活支援事業です（表2）。地域生活支援事業は、地域の特性や利用者の状況に応じて柔軟に実施することにより、効率的・効果的な事業実施が可能である事業です。住民に最も身近な市町村を中心として実施されるものと、都道府県が広域実施するものとがあります。いずれも、地理的条件や社会資源の状況といった地域の特性を勘案し、自治体が創意工夫をして事業の詳細を決定・実施します。

対象者や利用料など事業内容の詳細は自治体により異なります。

地域生活支援事業は個別給付ではありません。障害福祉サービスで行われるような支給決定プロセスを経ることはなく、指定特定相談支援事業者によるサービス等利用計画の作成も行われません。地域生活支援事業を単独で利用することも、生活ニーズに応じて個別給付と組み合わせて利用することも、いずれも可能です。

（4）補装具、日常生活用具、自立支援医療

①補装具

補装具費の支給は、障害者総合支援法の自立支援給付の一つとして行われ

表２　地域生活支援事業一覧

令和２年度地域生活支援事業（市町村事業）

必須事業		
1	**理解促進研修・啓発事業**	
2	**自発的活動支援事業**	
3	**相談支援事業** （1）基幹相談支援センター等機能強化事業 （2）住宅入居等支援事業（居住サポート事業）	
4	**成年後見制度利用支援事業**	
5	**成年後見制度法人後見支援事業**	
6	**意思疎通支援事業**	
7	**日常生活用具給付等事業**	
8	**手話奉仕員養成研修事業**	
9	**移動支援事業**	
10	**地域活動支援センター機能強化事業**	
任意事業		
1	**日常生活支援** （1）福祉ホームの運営 （2）訪問入浴サービス （3）生活訓練等 （4）日中一時支援 （5）地域移行のための安心生活支援	（6）巡回支援専門員整備 （7）相談支援事業者等（地域援助事業者）における退院支援体制確保 （8）協議会における地域資源の開発・利用促進等の支援 （9）児童発達支援センター等の機能強化等
2	**社会参加支援** （1）レクリエーション活動支援 （2）芸術文化活動振興 （3）点字・声の広報等発行	（4）奉仕員養成研修 （5）複数市町村における意思疎通支援の共同実施促進 （6）家庭・教育・福祉連携推進事業
3	**就業・就労支援** （1）盲人ホームの運営 （2）知的障害者職親委託	（3）雇用施策との連携による重度障害者等就労支援特別事業

（参考）交付税を財源として実施する事業
・相談支援事業のうち障害者相談支援事業　・地域活動支援センター基礎的事業
・障害支援区分認定等事務　・自動車運転免許取得・改造助成　・更生訓練費給付

次ページに続く

令和２年度地域生活支援事業（都道府県事業）

必須事業

1　専門性の高い相談支援事業
（1）発達障害者支援センター運営事業
（2）高次脳機能障害及びその関連障害に対する支援普及事業

2　専門性の高い意思疎通支援を行う者の養成研修事業
（1）手話通訳者・要約筆記者養成研修事業
（2）盲ろう者向け通訳・介助員養成研修事業
（3）失語症者向け意思疎通支援者養成研修事業

3　専門性の高い意思疎通支援を行う者の派遣事業
（1）手話通訳者・要約筆記者派遣事業
（2）盲ろう者向け通訳・介助員派遣事業
（3）失語症者向け意思疎通支援者派遣事業

4　意思疎通支援を行う者の派遣に係る市町村相互間の連絡調整事業

5　広域的な支援事業
（1）都道府県相談支援体制整備事業
（2）精神障害者地域生活支援広域調整等事業
（3）発達障害者支援地域協議会による体制整備事業

任意事業

1　サービス・相談支援者、指導者育成事業
（1）障害支援区分認定調査員等研修事業
（2）相談支援従事者等研修事業
（3）サービス管理責任者研修事業
（4）居宅介護従業者等養成研修事業
（5）障害者ピアサポート研修事業
（6）身体障害者・知的障害者相談員活動強化事業
（7）音声機能障害者発声訓練指導者養成事業
（8）精神障害関係従事者養成研修事業
（9）精神障害支援の障害特性と支援技法を学ぶ研修事業
（10）その他サービス・相談支援者、指導者育成事業

2　日常生活支援
（1）福祉ホームの運営
（2）オストメイト（人工肛門 、人工膀胱造設者）社会適応訓練
（3）音声機能障害者発声訓練
（4）児童発達支援センター等の機能強化等
（5）矯正施設等を退所した障害者の地域生活への移行促進
（6）医療型短期入所事業所開設支援
（7）障害者の地域生活の推進に向けた体制強化支援事業

3　社会参加支援
（1）手話通訳者の設置
（2）字幕入り映像ライブラリーの提供
（3）点字・声の広報等発行
（4）点字による即時情報ネットワーク
（5）都道府県障害者社会参加推進センター運営
（6）奉仕員養成研修
（7）レクリエーション活動等支援
（8）芸術文化活動振興
（9）サービス提供者情報提供等
（10）障害者自立（いきいき）支援機器普及アンテナ事業
（11）企業 CSR 連携促進

4　就業・就労支援
（1）盲人ホームの運営
（2）重度障害者在宅就労促進（バーチャル工房支援）
（3）一般就労移行等促進
（4）障害者就業・生活支援センター体制強化等

5　重度障害者に係る市町村特別支援

6　障害福祉のしごと魅力発信事業

（参考）交付税を財源として実施する事業

・障害児等療育支援事業

出典：『地域生活支援事業の概要』、厚生労働省ホームページ、https://www.mhlw.go.jp/stf/seisakunitsuite/bunya/hukushi_kaigo/shougaishahukushi/chiiki/gaiyo.html（2021 年 2 月 19 日最終閲覧）

ます。

補装具とは、身体の欠損または損なわれた身体機能を補完・代替する用具で、長期間にわたって継続して使用されるものをいい、義肢、装具、車いすなどが該当します。告示で定められた具体的な種目は表３のとおりです。

補装具の使用により、障害のある人たちは日常生活を送るうえで必要な移動等の確保や就労場面における能率の向上を図ることができます。

補装具費は、障害者等からの申請に基づいて市町村が支給決定を行い、１カ月内に購入・修理に要する費用を合計した金額から利用者負担額を差し引いた額が支給されます。利用者負担額は、家計の負担能力等を勘案して決められ、市町村民税世帯非課税者以外の者は負担上限月額 37,200 円、市町村民税世帯非課税者と生活保護世帯者は無料です。

なお、介護保険の対象となる身体障害者について、介護保険法の福祉用具と共通する補装具を希望する場合は、介護保険が優先します。

②日常生活用具

日常生活用具給付等事業は、市町村が行う地域生活支援事業のうち、必須事業の一つとして規定されています。

この事業は、障害者等に対し、自立生活支援用具等の日常生活用具を給付または貸与すること等により、日常生活の便宜を図ってその福祉の増進に資することを目的としています。告示で６種の用具が定められており、その具体例を表４に示します。

障害者の身体機能を補完・代替する補装具とは異なり、日常生活用具は、障害者が活動や参加のために、日常的に用いる用具であるのが特徴です。また、補装具とは異なり、日常生活用具は法令上、介護保険による貸与や購入費の支給が一律に優先するものではなく、自治体の運用に委ねられています。

表3　補装具種目一覧

（単位：円）

種目	区分	名称	R2 購入基準	耐用年数
義肢（注1，2）			423,000	1~5
装具（注1，2）			84,000	1~3
座位保持装置（注1）			352,000	3
視覚障害者安全つえ	普通用	グラスファイバー	3,550	2
		木材	1,650	
		軽金属	2,200	5
	携帯用	グラスファイバー	4,400	2
		木材	3,700	
		軽金属	3,550	4
	身体支持併用		3,800	4
義眼		レディメイド	17,000	2
		オーダーメイド	82,500	
眼鏡	矯正用（注3）	6D 未満	17,600	4
		6D 以上 10D 未満	20,200	
		10D 以上 20D 未満	24,000	
		20D 以上	24,000	
	遮光用	前掛け式	21,500	
		掛けめがね式	30,000	
	コンタクトレンズ		15,400	
	弱視用	掛けめがね式	36,700	
		焦点調整式	17,900	
補聴器（注4）		高度難聴用ポケット型	34,200	5
		高度難聴用耳かけ型	43,900	
		重度難聴用ポケット型	55,800	
		重度難聴用耳かけ型	67,300	
		耳あな型（レディメイド）	87,000	
		耳あな型（オーダーメイド）	137,000	
		骨導式ポケット型	70,100	
		骨導式眼鏡型	120,000	
車椅子		普通型	100,000	6
		リクライニング式普通型	120,000	
		ティルト式普通型	148,000	
		リクライニング・ティルト式普通型	173,000	
		手動リフト式普通型	232,000	
		前方大車輪型	100,000	
		リクライニング式前方大車輪型	120,000	
		片手駆動型	117,000	
		リクライニング式片手駆動型	133,600	
		レバー駆動型	160,500	
		手押し型A	82,700	
		手押し型B	81,000	
		リクライニング式手押し型	114,000	
		ティルト式手押し型	128,000	
		リクライニング・ティルト式手押し型	153,000	

種目	区分	名称	R2 購入基準	耐用年数
電動車椅子		普通型（4.5km/h）	314,000	6
		普通型（6.0km/h）	329,000	
	簡易型	A　切替式	157,500	
		B　アシスト式	212,500	
		リクライニング式普通型	343,500	
		電動リクライニング式普通型	440,000	
		電動リフト式普通型	701,400	
		電動ティルト式普通型	580,000	
		電動リクライニング・ティルト式普通型	982,000	
座位保持椅子（児のみ）			24,300	3
起立保持具（児のみ）			27,400	3
歩行器		六輪型	63,100	5
		四輪型（腰掛つき）	39,600	
		四輪型（腰掛なし）	39,600	
		三輪型	34,000	
		二輪型	27,000	
		固定型	22,000	
		交互型	30,000	
頭部保持具（児のみ）			7,100	3
排便補助具（児のみ）			10,000	2
歩行補助つえ	松葉づえ　木材	A　普通	3,300	2
		B　伸縮	3,300	
	松葉づえ　軽金属	A　普通	4,000	4
		B　伸縮	4,500	
		カナディアン・クラッチ	8,000	
		ロフストランド・クラッチ	8,000	
		多点杖	6,600	
		プラットフォーム杖	24,000	
重度障害者用意思伝達装置	文字等走査入力方式			5
		簡易なもの	143,000	
		簡易な環境制御機能が付加されたもの	191,000	
		高度な環境制御機能が付加されたもの	450,000	
		通信機能が付加されたもの	450,000	
	生体現象方式		450,000	
人工内耳		人工内耳用音声信号処理装置修理	30,000	―

（注1）義肢・装具・座位保持装置の基準額については、平成28年度交付実績（購入金額）1件当たり平均単価を記載。（千円未満は四捨五入。平成28年度福祉行政報告例より。）
（注2）義肢・装具の耐用年数について、18歳未満の児童の場合は、成長に合わせて4ヶ月~1年6ヶ月の使用年数となっている。
（注3）遮光用としての機能が必要な場合は、30,000円とすること。
（注4）デジタル式補聴器で、補聴器の装用に関し、専門的な知識・技能を有する者による調整が必要な場合は2,000円を加算すること。

第11次改正　令和2年3月31日厚生労働省告示第157号

出典：『補装具種目一覧（平成18年厚生労働省告示第528号）』、厚生労働省 HP、https://www.mhlw.go.jp/content/12200000/000620730.pdf（2021年2月19日最終閲覧）

表４　日常生活用具参考例

種　目		対象者
介護・訓練支援用具	特殊寝台	下肢又は体幹機能障害
	特殊マット	
	特殊尿器	
	入浴担架	
	体位変換器	
	移動用リフト	
	訓練いす（児のみ）	
	訓練用ベッド（児のみ）	
自立生活支援用具	入浴補助用具	下肢又は体幹機能障害
	便 器	
	頭部保護帽	平衡機能又は下肢もしくは体幹機能障害
	T字状・棒状のつえ	
	歩行支援用具→移動・移乗支援用具（名称変更）	
	特殊便器	上肢障害
	火災警報機	障害種別に関わらず火災発生の感知・避難が困難
	自動消火器	
	電磁調理器	視覚障害
	歩行時間延長信号機用小型送信機	
	聴覚障害者用屋内信号装置	聴覚障害
在宅療養等支援用具	透析液加温器	腎臓機能障害等
	ネブライザー（吸入器）	呼吸器機能障害等
	電気式たん吸引器	呼吸器機能障害等
	酸素ボンベ運搬車	在宅酸素療法者
	盲人用体温計（音声式）	視覚障害
	盲人用体重計	
情報・意思疎通支援用具	携帯用会話補助装置	音声言語機能障害
	情報・通信支援用具※	上肢機能障害又は視覚障害
	点字ディスプレイ	盲ろう、視覚障害
	点字器	視覚障害
	点字タイプライター	
	視覚障害者用ポータブルレコーダー	
	視覚障害者用活字文書読上げ装置	
	視覚障害者用拡大読書器	
	盲人用時計	
	聴覚障害者用通信装置	聴覚障害
	聴覚障害者用情報受信装置	
	人工喉頭	喉頭摘出者
	福祉電話（貸与）	聴覚障害又は外出困難
	ファックス（貸与）	聴覚又は音声機能若しくは言語機能障害で、電話では意思疎通困難
	視覚障害者用ワードプロセッサー（共同利用）	視覚障害
	点 字 図 書	
排泄管理支援用具	ストーマ装具（ストーマ用品、洗腸用具）	ストーマ造設者
	紙おむつ等（紙おむつ、サラシ・ガーゼ等衛生用品）	高度の排便機能障害者、脳原性運動機能障害かつ意思表示困難者
	収尿器	高度の排尿機能障害者
住宅改修費	居宅生活動作補助用具	下肢、体幹機能障害又は乳幼児期非進行性脳病変

※ 情報・通信支援用具とは、障害者向けのパーソナルコンピュータ周辺機器や、アプリケーションソフトをいう。

出典：『日常生活用具参考例』、厚生労働省ホームページ、https://www.mhlw.go.jp/general/seido/toukatsu/suishin/dl/04.pdf（2021 年 2 月 19 日最終閲覧）

③自立支援医療

自立支援医療は、障害者が心身の障害の状態の軽減を図り、自立した日常生活または社会生活を営むために必要な公費負担医療です。自立支援医療の受給により、公的医療保険で３割の医療費を負担しているところが、原則として１割に軽減されます。例えば、１カ月の医療費が7,000円、医療保険による自己負担が2,100円の場合、自立支援医療により自己負担が700円に軽減します。

図５に示すとおり、１カ月当たりの負担は、この１割の負担が過大なものとならないよう世帯の所得に応じて上限が設定されています。さらに、医療費が高額な治療を長期間にわたり続けなければならない人（「重度かつ継続」）で、市町村民税課税世帯の人は、通常とは別に負担上限月額が定められ、負担が軽減されます。

自立支援医療には、「精神通院医療」「更生医療」「育成医療」の３種類があります。

ア　精神通院医療

精神通院医療は、精神保健福祉法第５条に規定する統合失調症などの精神疾患を有する人で、通院による精神医療を継続的に要する人を対象とした公費負担医療です。対象となる精神疾患には、統合失調症、うつ病・躁うつ病などの気分障害、薬物などの精神作用物質による急性中毒またはその依存症、PTSDなどのストレス関連障害・パニック障害などの不安障害、知的障害・心理的発達の障害、アルツハイマー型認知症・血管性認知症、てんかん等が挙げられます。

精神通院医療の対象は、通院医療の費用、投薬などによる治療の費用、精神科デイケア等の利用費用などです。入院医療の費用、公的医療保険が対象とならない治療等の費用（病院や診療所以外でのカウンセリングなど）、精神障害と関係のない疾患の医療費は精神通院医療の対象外です。

図５　自立支援医療の自己負担上限額

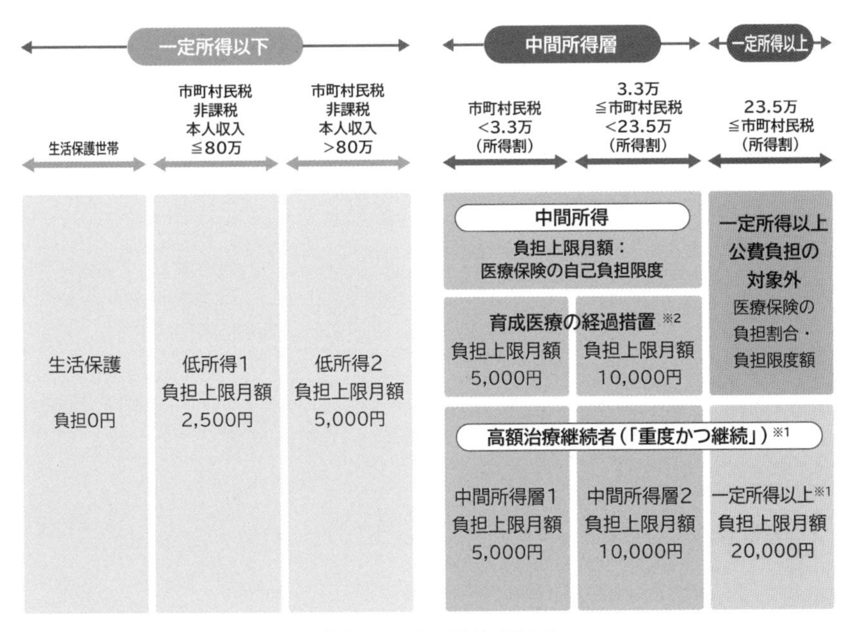

※1　高額治療継続者（「重度かつ継続」）の範囲については、以下のとおりです。
①疾患、症状等から対処となる者。
●更生医療・育成医療　腎臓機能、小腸機能、免疫機能、心臓機能障害（心臓移植後の抗免疫療法に限る）、肝機能障害（肝臓移植後の抗免疫療法に限る）。
●精神通院医療　統合失調症、躁うつ病・うつ病・てんかん、認知症等の脳機能障害若しくは薬物関連障害（依存症等）の者又は集中・継続的な医療を要する者として精神医療に一定以上の経験を有する医師が判断した者。
②疾病等に関わらず、高額な費用負担が継続することから対象となる者
医療保険の多数回該当の者。
※2　育成医療の経過措置及び「一定所得以上」かつ「重度かつ継続」の者に対する経過措置があります（期間は2021年3月末まで）。

出典：『障害福祉サービスの利用について（2018 年 4 月版）』P.24、全国社会福祉協議会

イ　更生医療

更生医療は、身体障害者福祉法に基づき身体障害者手帳の交付を受けた人で、その障害を除去・軽減する手術等の治療により、確実に効果が期待できる 18 歳以上の人を対象に、更生のために必要な自立支援医療費の支給を行うものです。対象となる障害と標準的な治療の例を表５に示します。

ウ　育成医療

育成医療は、身体に障害があり、その障害を除去・軽減する手術等の治療

表５　更生医療の対象となる障害と治療の例

視覚障害	白内障→水晶体摘出手術 網膜剥離→網膜剥離手術 瞳孔閉鎖→虹彩切除術 角膜混濁→角膜移植術
聴覚障害	鼓膜穿孔→穿孔閉鎖術 外耳性難聴→形成術
言語障害	外傷性または手術後に生じる発音構語障害→形成術 唇顎口蓋裂に起因した音声・言語機能障害を伴う人であって鼻咽腔閉鎖機能不全に対する手術以外に歯科矯正が必要な者→歯科矯正
肢体不自由	関節拘縮、関節硬直→形成術、人工関節置換術等
内部障害	〈心臓〉先天性疾患→弁口、心室心房中隔に対する手術 後天性心疾患→ペースメーカー埋込み手術 〈腎臓〉腎臓機能障害→人工透析療法、腎臓移植術（抗免疫療法を含む） 〈肝臓〉肝臓機能障害→肝臓移植術（抗免疫療法を含む） 〈小腸〉小腸機能障害→中心静脈栄養法 〈免疫〉ＨＩＶによる免疫機能障害→抗ＨＩＶ療法、免疫調節療法、その他ＨＩＶ感染症に対する治療

により確実に効果が期待できる18歳未満の児童を対象に、必要な自立支援医療費の支給を行うものです。先天性疾患に対する手術等が行われます。

（５）介護保険サービスと障害福祉サービスは、利用者の自己負担が違う

介護保険サービスと障害福祉サービスの利用者の自己負担は、いずれも原則としてサービス費用の１割負担とされていますが、実際の自己負担では違う点がいくつかあります。

①所得による自己負担割合の違い

１つ目の違いは、介護保険の場合は一定以上の所得のある人は２割負担、現役並みの所得のある人は介護サービスを利用した時の負担割合が３割と、所得によって負担割合が異なる点です。

②低所得者の自己負担額の違い

２つ目の違いは、低所得者、具体的には市区町村民税非課税世帯と生活保護受給者の自己負担の金額です。

介護保険サービスの場合は、低所得者の自己負担は原則どおりサービス費用の１割です。これに対し、障害福祉サービスの場合は負担上限額が０円、つまり、実質上は低所得者の自己負担が発生しません。障害福祉サービスの自己負担が介護保険と異なる理由は、同じ低所得の状態であっても、長期にわたる資産形成が可能な高齢者とは家計の状況が異なると考えられるからです。

なお、従来はこの②の違いが要因となり、障害者が高齢となったときに介護保険サービスが利用しづらいという課題が指摘されていました。障害者が65歳に到達すると、障害福祉サービスに相当するサービスが介護保険法にある場合は、原則として介護保険サービスの利用が優先され、低所得のため利用料が無料だった人でも利用者負担（1割）が新たに生じるからです。

そこで、2018年度報酬改定において、介護保険サービスの円滑な利用を促進することを目的に、65歳に至るまで相当の長期間にわたり障害福祉サービスを利用していた一定の高齢障害者に対し、介護保険サービスの利用者負担が軽減されるよう、障害福祉制度により、利用者負担が軽減（償還）されるようになりました。対象となるのは、次の１～４（表6）をすべて満たす人です。

表6　介護保険サービスの利用者負担の軽減対象者

1　65歳に達する日前5年間、特定の障害福祉サービス(1)の支給決定を受けており、介護保険移行後、障害福祉サービスに相当する介護保険サービス(2)を利用すること
2　利用者の方とその配偶者の方が、当該利用者が65歳に達する日の前日の属する年度（65歳に達する日の前日が4月から6月までの場合は、前年度）において、市町村民税非課税者または生活保護受給者等であったこと
3　障害支援区分が区分2以上であったこと
4　65歳になるまで介護保険法による保険給付を受けていないこと

（1）特定の障害福祉サービス：居宅介護、重度訪問介護、生活介護、短期入所
（2）障害福祉に相当する介護保険サービス：訪問介護、通所介護、短期入所生活介護、地域密着型通所介護、小規模多機能型居宅介護
※介護予防サービス、地域密着型介護予防サービスは含みません

- Ⅲ -
障害者支援のこれから

1　障害者の高齢化に対応するケアマネジャーの役割

障害者の高齢化をめぐる課題にはどのようなものがあるのでしょうか。根本的な問題として、65 歳を境に制度が、障害福祉制度（障害者総合支援法を主とする制度）から介護保険制度に移行する時の課題があります。

次に、その問題から派生する 65 歳以上の年齢に達した障害者の介護保険優先の原理と障害福祉制度による上乗せサービス（類似性の高いサービスの支給量の上乗せ）、横出しサービス（介護保険サービスにない障害福祉サービスの支給の横出し）の課題があります。また、介護保険制度と障害福祉制度との年齢的な重複の課題として、40 歳から 65 歳未満の特定疾病（介護保険制度で指定する 16 種類の疾病、P.11 表 1 参照）による介護保険制度の問題があります。

さらに、障害福祉から介護保険への移行にともなって、介護保険制度と障害福祉制度の自己負担の違いから生じる自己負担額の増加の問題があります。

これらの課題は、制度の変更にともなうことから生じる問題として捉えることができます。ケアマネジャーは、このような制度の変更にともなう問題に対しては、これまで障害者が利用してきた障害福祉制度と介護保険制度との違いをわかりやすく説明する役割が求められます。そのためには、ケアマネジャーは両制度の違いと共通点を十分理解しておく必要があります。

これに対して、障害者の高齢化（加齢化）にともなうニーズの変化による課題もあります。具体的な課題としては、知的障害者（主に、ダウン症者）の加齢化にともなって、多発していく認知症の問題があります。これは、もともとの障害と加齢にともなって生じる二次的な障害の負荷の問題と捉えることができます。このような障害の加齢化による二次的な障害に対しての介護に関する知見はまだ十分とはいえませんが、単純に既存の介護保険サービスでの対処ではすまないことが現場では多く見られています。このような問題に対しては、先の知的障害者の加齢にともなう認知症の発症といった課題を例にすると、ケアマネジャーには知的障害の介護の専門職と認知症の介護の専門職との橋渡しの役割が求められます。

さらに、障害者自身の加齢化と家族（主に親）の高齢化の同時進行の課題があります。この問題に関しては象徴的な意味を込めて8050問題（障害者50歳代、親80歳代の同居家庭の問題）と呼ばれることがあります。この問題に対しては、既存の障害福祉分野、高齢福祉分野といった縦割りのシステムでは対応できないため、ケアマネジャーには地域における分野横断的なサービスの調整あるいは地域資源のコーディネーション（連携・調整）の担い手としての役割が求められます。

2　相談支援専門員との連携において期待されているケアマネジャーの役割

ここでは、3つの場面（介護保険給付対象年齢到達時の連携、親亡き後を想定した連携、地域包括支援センターと相談支援事業所との連携）における相談支援専門員とケアマネジャーとの連携を取り上げます。

（1）介護保険給付対象年齢到達時の連携

障害福祉サービスを利用している障害者が65歳を迎える6カ月くらい前から、担当の相談支援専門員は、障害者（必要に応じて家族）に介護保険制度への移行の手続きを説明します。3カ月くらい前からは、相談支援専門員は、担当の障害者（家族）が市町村に要介護認定の申請をするように働きかけます。この時期から、相談支援専門員はケアマネジャーに障害者（家族）の同意を得たうえで引継ぎをしていきます。

65 歳到達時点では、市町村は要介護認定を行います。相談支援専門員は障害福祉サービスで引き続き利用可能なサービスに関する相談を行います。ケアマネジャーは障害者（家族）の依頼により居宅サービス計画（ケアプラン）を作成し、介護保険サービスの利用に関する相談にのります。ここでは、ケアマネジャーはこれまで担当してきた相談支援専門員と情報の引継ぎ等の密接な連絡をとって進めていく必要があります。

（２）親亡き後を想定した連携

障害者総合支援法も介護保険法と同様に３年ごとにサービス基盤に関する整備計画（障害福祉計画）を策定することにしています。

第５期障害福祉計画（2018 年度～ 2020 年度）では、施設入所者数の削減に関する目標を、2020 年度末時点での施設入所者を 2016 年度末時点での施設入所者数（新規入所者を含めた入所者数）から２％以上削減することにしています。第６期障害福祉計画（2021 年度～ 2023 年度）では、1.6% と、さらに低くなっています。この目標は、これまでの第３期障害福祉計画の10%、第４期障害福祉計画の 4% と比較して、低い目標設定になっています。その理由として、厚生労働省の資料によれば、入所者の障害の重度化、高齢化の増加により、入所者の地域移行を推進することの困難さがあります。これに加えて、重度化に対応したグループホームの整備、在宅者の緊急対応、短期入所、24 時間相談体制に対応する機能をもっている地域生活支援拠点（図１）の未整備の状態（第４期障害福祉計画で整備する予定でしたが、ほとんど整備が進まなかったので、第５期障害福祉計画での整備に変更しています）に加えて施設入所ニーズが一定数見込まれることから、第５期障害福祉計画では低い目標となっています。ただし、このような低い目標でも新規

図１　地域生活支援拠点について

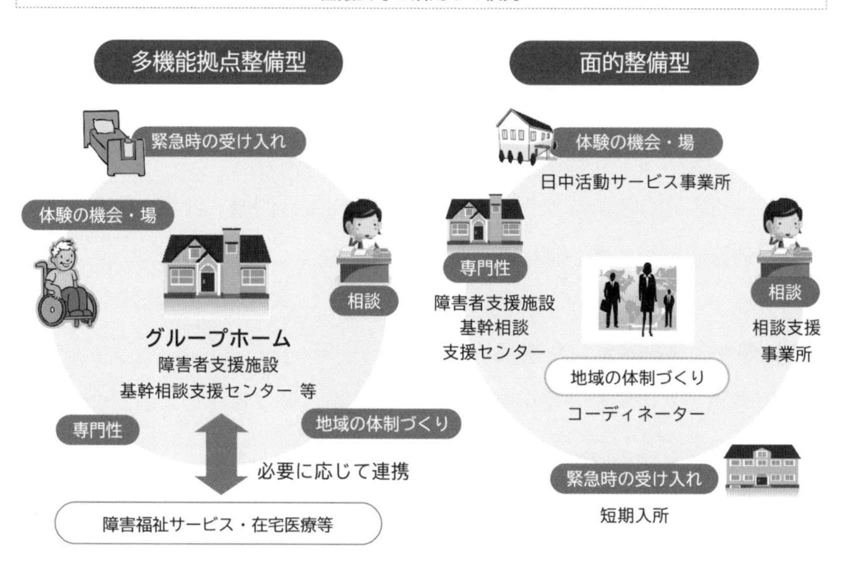

出典：厚生労働省資料　一部改変

の入所者がこれまでの水準で入所すると、その達成が困難です。

新規の入所者を増加させないためには、障害者の施設入所の大きな原因である「親亡き後」も地域で継続的に生活できることが必要です。そのためには、地域生活者に対していつでも相談支援のできる体制、緊急時に短期入所が利用できる体制、家族と同居している生活からグループホームなどで家族から自立して生活する練習のできる体制が必要です。これらの体制を地域の中でシステム化していくことができる拠点として、地域生活支援拠点の整備（市町村あるいは保健福祉圏域で少なくとも１カ所以上の整備）を施策の中で重視しています。

地域生活支援拠点の具体的な整備方法として、障害者支援施設、グループホーム、基幹相談支援センターなどの機能をもった多機能支援拠点を整備し、その拠点が中心となって活動する多機能拠点整備型と、障害者支援施設、グループホーム、基幹相談支援センター、日中活動サービス事業所などの地域内のサービス資源を調整しながら進める面的整備型の２つのタイプが厚生労働省より示されています（『地域生活支援拠点等について』厚生労働省社会・援護局障害保健福祉部障害福祉課、2016年）。

さらに、地域生活支援拠点の機能としては、相談支援（地域移行、家庭からの自立など）、地域生活の体験の機会・場（一人暮らし、グループホーム生活）、緊急時の受け入れ（短期入所など）、専門性のある人材の確保・育成、地域の体制づくり（サービス調整、コーディネーターの配置）の５つの機能が挙げられています。

このような障害福祉の動向を踏まえて高齢者福祉分野を見ていくと、地域に基盤を置いたケア（地域包括ケア）が強調されています。ケアマネジャーには、介護保険制度と障害福祉制度における地域生活支援の展開の状況を踏まえて、介護保険分野と障害福祉分野におけるサービス・資源の連携（専門職間の連携を含みます）が求められています。

（3）地域包括支援センターと相談支援事業所との連携

介護保険法に定められている地域包括支援センターの業務の中では、総合相談支援業務、権利擁護業務、包括的・継続的ケアマネジメント支援業務は、障害者の高齢化問題への対応にとっても重要な役割です。

総合相談支援業務は、地域生活から生じてくる相談を幅広く受け付け、（高齢分野、障害分野を超えた）制度横断的な支援を行うこととしています。権利擁護業務は、成年後見制度の利用促進と高齢者虐待への対応を行うとしていますが、障害者の高齢化問題でもまったく同じように成年後見制度の利用促進と障害者虐待への対応の必要性が生じます。包括的・継続的ケアマネジメント支援業務は、「地域ケア会議」などを通して関係専門職、関係機関の連携をとりながらケアマネジメントを行うこととしています。あわせて、支援困難事例への対応も検討していきます。障害福祉分野では、「地域自立支援協議会」を通して、関係専門職、関係機関の連携をとりながらケアマネジメントを行うこととしています。さらに、先に取り上げた障害者自身の加齢化と家族（主に親）の高齢化の同時進行の課題は支援困難例の代表的な問題であり、地域包括支援センターの果たす役割は大きなものがあります。

ここでは、地域包括支援センターの業務に焦点をあてて、障害者の高齢化

図２　基幹相談支援センターの役割

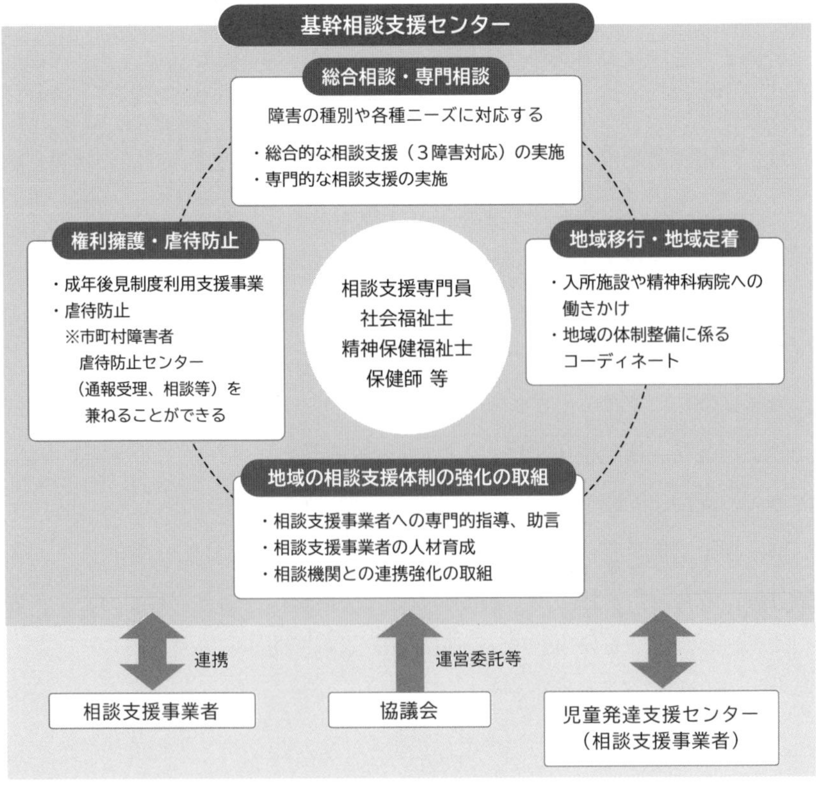

基幹相談支援センター

総合相談・専門相談
障害の種別や各種ニーズに対応する
・総合的な相談支援（３障害対応）の実施
・専門的な相談支援の実施

権利擁護・虐待防止
・成年後見制度利用支援事業
・虐待防止
※市町村障害者虐待防止センター（通報受理、相談等）を兼ねることができる

相談支援専門員
社会福祉士
精神保健福祉士
保健師 等

地域移行・地域定着
・入所施設や精神科病院への働きかけ
・地域の体制整備に係るコーディネート

地域の相談支援体制の強化の取組
・相談支援事業者への専門的指導、助言
・相談支援事業者の人材育成
・相談機関との連携強化の取組

連携
運営委託等

相談支援事業者
協議会
児童発達支援センター（相談支援事業者）

出典：図１に同じ

問題に果たす役割の重要性について述べてきましたが、障害者の相談支援業務に関わる相談支援事業所あるいは基幹相談支援センター（図２）が地域包括支援センターの業務を理解して連携をしていくことも極めて重要な取組みです。この２つの方向性が一つになって地域の中で有機的に機能していくことが、障害者の高齢化をめぐる問題への対応として、大変効果的なシステムになっていくと思います。

3　障害福祉制度・介護保険制度の枠を超えた共生型サービスの創設

障害者が65歳という年齢を迎えるにあたって、「介護保険優先の原理」があります。障害福祉サービスと介護保険サービスとがサービス内容や機能面で類似性が高い場合は、介護保険サービスの提供が優先される原則です。ホームヘルプサービス、デイサービス、ショートステイの３種類のサービスが類似性の高いサービスと言われています（図３）。

しかしながら、類似性が高いといっても、障害特性や年齢状況に応じて、介護保険法と障害者総合支援法のホームヘルプサービスやショートステイはかなり異なります。障害者総合支援法のデイサービスとして位置づけられて

図３　障害福祉サービスと介護保険サービスとの関係

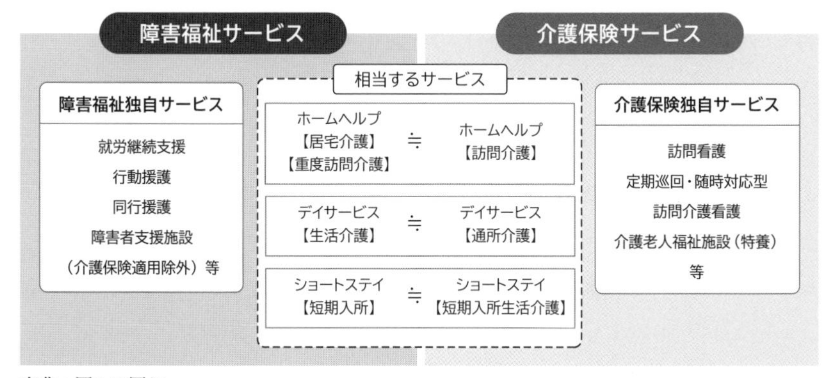

出典：図１に同じ

図４　地域包括ケアシステムの強化のための介護保険法等の一部を改正する法律（概要）
（地域共生社会の実現に向けた取組みの推進（共生型サービスの位置付け））

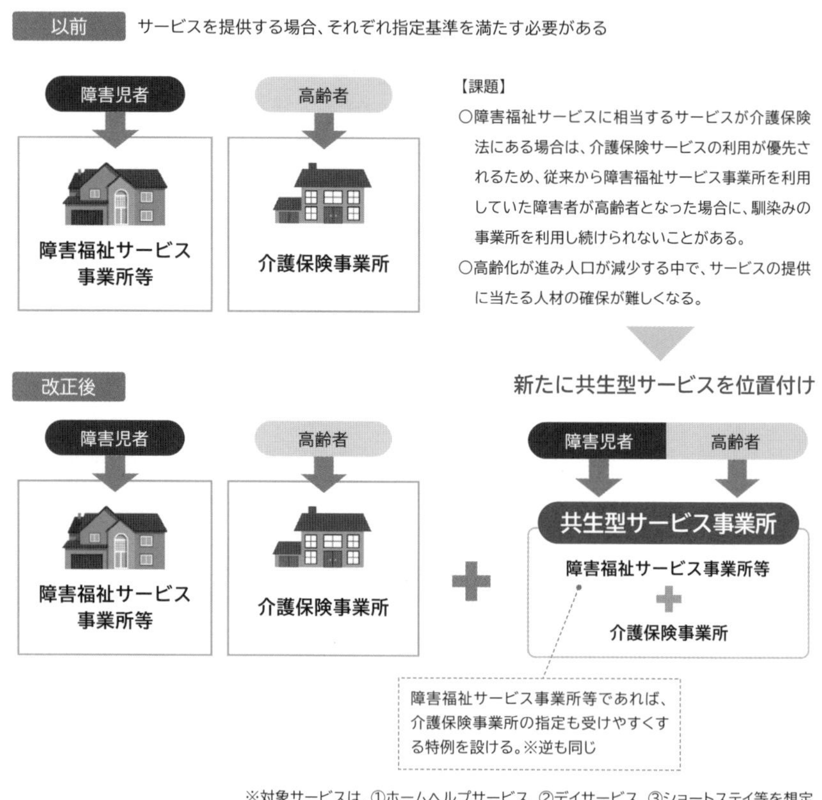

出典：厚生労働省資料　一部改変

いる生活介護事業所は生産的な活動に取り組むことができるので、内容によっては就労継続支援Ｂ型事業所と利用者の違いがあまりないこともあります。このような違いがあることから、障害者が高齢化しても引き続き同じ事業所でサービスを継続的に利用しやすくするために、共生型サービスを位置づける必要性が高くなりました（図４）。

なお、共生型サービスの具体的な特徴は、150ページQ1に記載されていますので、そこで理解を深めてください。

2020年6月には、「地域共生社会の実現のための社会福祉法等の一部を改正する法律」が成立し、それに基づいて、社会福祉法を含めた関連法の改正が行われました。この改正では、①地域住民の複雑化・複合化した支援ニーズに対応する市町村の包括的な支援体制の構築、②地域特性に応じた認知症施策や介護サービス提供体制の整備等の推進、③医療・介護のデータ基盤の整備の推進、④介護人材確保及び業務効率化の取組みの強化、⑤社会福祉連携推進法人制度の創設、の5点からなっています。

このうち、社会福祉法に直接関係する改正は、①地域住民の複雑化・複合化した支援ニーズに対応する市町村の包括的な支援体制の構築、及び⑤社会福祉連携推進法人制度の創設です。特に、①では、これまで制度の谷間にあって対応がしにくい課題に対しての「断らない相談支援」、社会とのつながりの少ない障害者（家族）・高齢者（家族）に対しての社会とのつながりや参加を支援する「参加支援」、「地域やコミュニティにおけるケア・支え合う関係性の育成支援」といった3つの観点が国から示されています。今後、この3つの観点に沿った新たな事業の構築が自治体に求められていくことと考えられます。特に、「断らない相談支援」は、高齢分野、障害分野、子ども分野、生活困窮分野の縦割りを超えた分野横断的な相談支援体制の構築が必要となります。

- Ⅳ -
障害の特性を知ろう

本章では、障害の特性を解説します。そもそも障害とは、個人と環境の双方に現れるものと考えられます。ここで言う障害特性とは、個人の視点に基づき、医学的観点で把握されるものです。本来、障害特性は一人ひとり異なるものです。そのため、社会福祉の専門職には、一人ひとり異なる障害特性を把握し、どのような生活のしづらさが発生しているのかを評価し、適切な資源等につなげることが求められます。

1　障害の種別と特徴

（1）身体障害

日本では身体障害者を、身体障害者手帳の交付を受けた18歳以上の者としています。この身体障害者手帳は身体障害者福祉法の別表に該当する者に交付されます。また身体障害者福祉法別表では、身体障害の種別と障害程度等級を定めており、身体障害と一言で言っても、さまざまな障害のあることがわかります。

まず、身体障害の種別ごとの年齢分布を確認してみましょう。身体障害の特徴としては、65歳以上の人が多い点が挙げられます。何歳頃から身体障害を受傷したのかはわかりませんが、身体障害者手帳を初めて取得した年代から推測してみると、50歳代が最も多く14％、次いで60歳から64歳が10％といった順になります。また、65歳以降に手帳を取得した人をすべて合わせると、36％を占めるため、中年期から高齢期にかけて中途で障害を受傷する人が多い傾向にあると言えます。次に、それぞれの身体障害の種類

図１　身体障害の種別ごとの年齢分布

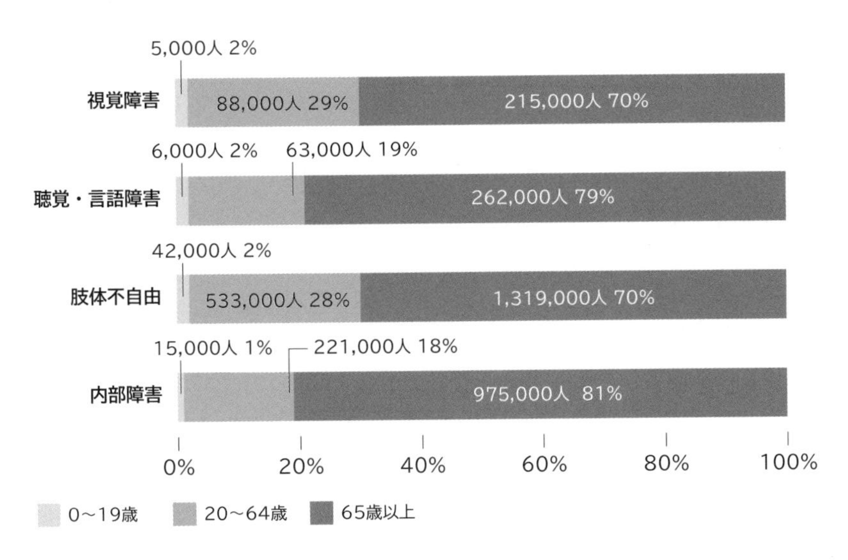

出典：『平成28年生活のしづらさなどに関する調査報告書』厚生労働省、2018年

ごとにその特徴を考えます。

①視覚障害

身体障害者福祉法では、視覚障害は視力と視野の障害を指しています。視力とは、物の形や存在を認識する能力を指し、視野とは目を動かさないで同時に見える範囲を指します。視覚障害と言っても見え方は一人ひとり異なり、まったく見えない、文字がぼやけて読めない、物が半分しか見えない、メガホンを逆にしてのぞいたときのように視界が狭まる見え方になるなど、さまざまです。見え方については、視覚を用いて日常生活が極度に制限のある全盲と、見え方が一人ひとり異なる低視覚に分類することができます。

②聴覚・言語障害

身体障害者福祉法では、聴覚と言語の障害だけでなく、平衡機能障害も含まれますが、ここでは主に聴覚障害の特徴について解説します。聴覚障害は聴覚の機能に障害があり、音が聞こえにくい状況にあることを指します。

聴覚障害も視覚障害と同様に、まったく聞こえない人（ろう者）とわずかでも残存聴力のある難聴の人（難聴者）に分類できます。また人によって高い音と低い音が聞き取りにくい差がある等、同じ聴覚障害といっても、聞こえにくさは一人ひとり異なります。

③肢体不自由

肢体とは四肢と体幹を指し、四肢は上肢と下肢に分られます。また不自由とは、骨、関節、筋肉、神経などに障害があるため、正常な支持・運動機能が持続的に妨げられている状態を指します。肢体不自由の発生原因は多様であり、①事故（交通事故、労働災害、戦傷病等）、②疾病（脳血管疾患、感染症、その他の疾患等）、③出生時の損傷の３つに大別されます。この要因からもわかるように、出生時に受傷した人と高齢期に受傷した人では異なり、また症状が進行する人とそうでない人でも異なります。

④内部障害

内部障害とは、からだの内部に障害のあることを指します。現在の日本では、心臓機能障害、腎臓機能障害、呼吸器機能障害、肝臓機能障害、膀胱・直腸機能障害、小腸機能障害、免疫機能障害（HIV）があります。からだの内部の機能の障害のため、それぞれの障害は異なりますが、外見では判別しづらいこと、医療的ニーズの高いこと等の共通点もあります。

（2）知的障害

知的障害とは非常に曖昧な概念であり、定義や状態の分類はさまざまです。世界的には、世界保健機関（WHO）が定めている国際疾病分類（ICD-10）により、知能テストによって測定した知能の状態（以下、IQ）を４つに分類して示しています。しかし、IQでの分類については批判も存在します。そのため、米国知的・発達障害協会（AAIDD）では、「知的障害は、知的機能及び適応行動（概念的、社会的及び実用的な適応スキルによって表される）の双方の明らかな制約によって特徴づけられる能力障害である。この能力障害は、18歳までに生じる」とされています。このように知的障害は知的機能だけでなく、適応行動を含め、周囲の人や資源といった環境の影響も含めた概念と言えます。具体的な状態像は、一人ひとり異なりますが、ICD-10の記載をまとめた表１を参考にしてください。

表１　知的障害の状態像

軽度　IQ69～50	●言語習得はいくぶん遅れるものの、日常的に言語を使用できる。 ●自分の身の回りのこと（摂食、洗面、着衣、排泄等）は自立している。 ●行動、情緒及び社会的困難、それから生じる治療や援助のニーズは、正常の知能の人間の問題に類似している。
中度　IQ49～35	●幼児期から発達の遅れが顕著であるが、基本的な身辺自立やコミュニケーション能力、そして読み書きについては一定レベルの学習は可能である。 ●社会生活や就業生活に必要な支援の程度には個人差がある。
重度　IQ34～20	●人生のどの時期においても、生活のさまざまな場面で他者からの継続的な支援が必要である。
最重度 IQ19以下	●身辺自立や節制（がまん）、コミュニケーション能力、さらには外出・移動において相当の制限がある。

出典：ICD-10を参考に筆者作成

（3）精神障害

精神障害とは、精神疾患を慢性的に抱え、同時に生活上の課題も抱えていることが特徴と言えます。精神保健及び精神障害者福祉に関する法律では、精神障害者を「統合失調症、精神作用物質による急性中毒またはその依存症、知的障害、精神病質その他の精神疾患を有する者」と定義しています。これらの精神障害者の定義は表２のように分類できます。

表２　精神障害の分類

分類		内容
内因性精神障害		統合失調症や気分障害（うつ病・躁うつ病）など、まだ十分に原因が明らかにされていないもの
外因性精神障害		身体の病変によるもの
	器質性精神障害	脳自体の病変、すなわち形態学的な変化を生じるようなもの（脳変性疾患、脳血管障害、頭部外傷、アルツハイマー型認知症等）
	症状性精神障害	脳以外の身体疾患（内分泌疾患、感染症、代謝疾患等）があって、その影響で現れるもの
	中毒性精神障害（物質関連障害）	外部から摂取した物質（アルコールや麻薬等）によるもの（アルコール依存、薬物依存等）
心因性精神障害		心理的なストレスによるもの（心因反応、神経症、PTSD 等）
その他		パーソナリティー障害、知的障害（精神遅滞）、広汎性発達障害等

出典：『新・介護福祉士養成講座 13　障害の理解　第４版』P.112、介護福祉士養成講座編集委員会編、中央法規出版、2015 年を一部改変

（4）難病

2015 年に施行された、難病の患者に対する医療等に関する法律（以下、難病法）では、難病とは、①発病の機構が不明、②治療方法が未確立、③患者数が少ない、④長期療養を必要とする疾病といった上記４つの条件を満たす疾病と定義されました。この難病の定義に加え、①患者数が日本において一定の人数を達していない（人口のおおむね 0.1% 程度）、②客観的な診断基準が確立しているといった２つの要件を満たす疾病を「指定難病」と定義し、医療費の助成の対象となっています。2020 年６月時点の指定難病は 333 疾病になります。一方、介護保険法では特定疾病として、指定難病の関節リウマチ、筋萎縮性側索硬化症、進行性核上性麻痺、大脳皮質基底核変性症及びパーキンソン病、脊髄小脳変性症、脊柱管狭窄症、多系統萎縮症が含まれ、40 歳以上 65 歳未満の者でも受給の対象になっています。また障害者総合支援法では指定難病の要件の中の発病の機構が不明、患者数が日本において一定の人数を達していない（人口のおおむね 0.1% 程度）の２つの要件は該当しない場合でも対象になり、2020 年６月時点で 361 疾病が受給の対

象とされています。

難病の理解については、社会福祉専門職がすべての疾患を詳細に理解していることは困難と言えるため、難病情報センターのホームページや医療機関から情報を収集する必要があります。情報収集の際、生活を支援する社会福祉専門職としては、病気の治療法、今後の経過、日常生活の注意点は必ず理解しておく必要があるでしょう。

（５）高次脳機能障害

高次脳機能障害とは、けがや病気によって脳に損傷を受け、記憶障害、注意障害、遂行機能障害、社会的行動障害などの認知障害により、日常生活、社会生活に制約がある状態を指します。これらの状態は外見からわかりにくく、本人も家族も後遺症による障害だと気付きにくいといった特徴があります。また、先に述べた記憶障害等の具体的な症状は、表３にまとめられます。

表３　高次脳機能障害の具体的な症状

症状	内容
記憶障害	物の置き場所を忘れたり、新しい出来事を覚えていられなくなったりすること。そのために何度も同じことを繰り返し質問したりする。
注意障害	ぼんやりしていて、なにかをするとミスばかりする。二つのことを同時にしようとすると混乱する。
遂行機能障害	自分で計画を立てて物事を実行することができない。人に指示してもらわないと何もできない。行きあたりばったりの行動をする。
社会的行動障害	以下のような症状があげられる。 ●依存・退行：すぐ他人を頼る、子どもっぽくなる ●欲求コントロール低下：無制限に食べたり、お金を使ったりする ●感情コントロール低下：すぐ怒ったり笑ったりする、感情を爆発する ●対人技能拙劣：相手の立場や気持ちを思いやることができず、良い人間関係がつくれない ●固執性：一つのことにこだわって他のことができない

出典：『新・介護福祉士養成講座13　障害の理解　第４版』P.126、介護福祉士養成講座編集委員会編、中央法規出版、2015年を一部改変

（6）発達障害

発達障害については、さまざまな定義があります。世界で初めて発達障害という言葉を使用したアメリカでは、発達期（おおむね18歳未満）に現れた認知、運動、感覚、コミュニケーション等の障害を総称するものを指しています。一方、日本では発達障害者支援法において、「自閉症、アスペルガー症候群その他の広汎性発達障害、学習障害、注意欠陥多動性障害その他これらに類する脳機能の障害であってその症状が通常低年齢において発現するもの」とされ、アメリカの定義より狭い範囲で定義されていることが特徴と言えます。広汎性発達障害、注意欠陥多動性障害、学習障害、また知的障害等については、下記の図２のようにまとめることができます(注)。

（注）自閉症、広汎性発達障害、アスペルガー症候群については、DSM-V（アメリカ精神医学会「精神障害の診断・統計マニュアル第５版」）においては、ASD（自閉スペクトラム症）とされている。

図２　発達障害のそれぞれの障害特性

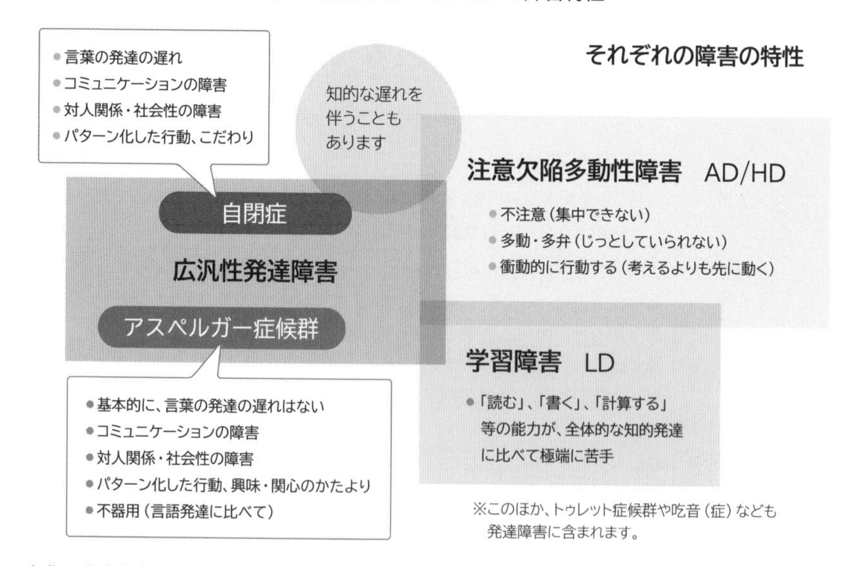

出典：発達障害情報・支援センターホームページ

2　障害者の加齢による特性を理解しよう

（1）知的障害

①知的障害者の高齢化

医療、福祉、生活環境等の進展により知的障害者の寿命が延びています。これは本人、家族、関係者にとってとても喜ばしいことではありますが、このことにより課題も生じてきています。障害者支援施設に対する調査結果によると、障害者支援施設で入所者の高齢化が課題になっているとした施設は、8割にも上っています。また高齢化から生じる課題として最も多かったのが「日常生活行動における援助・介助」、次に「保健・医療ケア」と続きます（日本知的障害者福祉協会「平成25年度全国知的障害児者施設・事業実態報告書」2015年）。この調査結果が示すように、高齢化によって体力の低下や疾病等が生じ、ケアに困難を来すことがわかってきています。

②知的障害者の加齢の特徴

知的障害者の加齢について特徴的であると言えるのが、一般の人と比較すると加齢による心身への影響がより若年に生じることです。知的障害者の場合は、米国知的・発達障害協会（AAIDD）において55歳以上となっていますが、ダウン症の場合、より老化が早いという理由から除外することになっています。つまりダウン症の人はより老化が早いということです。日本でも、知的障害者の親の会から始まった全国手をつなぐ育成会連合会や知的障害者支援の職能団体である日本知的障害者福祉協会が、知的障害者の高齢化を考える際には65歳を目安とせず、50歳くらいから加齢による支援の必要が高まる方が多く存在することへの理解と、その対応体制が必要と提案しています。

つまり、知的障害者の加齢については、50歳前後くらいから周囲が気にかけている必要があります。その理由としては少なくない知的障害者が、自身が老化し、それによる心身機能の減退に気付いていないことがあるためです。

さらに大きな特性として挙げられるのが認知症です。特にダウン症者については、一般の人と比較して早期に高い割合で認知症に罹患することが報告されています。また知的障害者もダウン症者ほどではないですが、やはり一般の人と比較

図３　年齢別認知症有病率比較

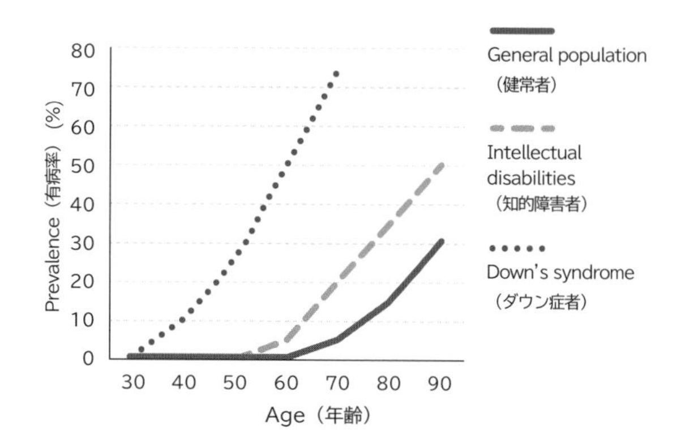

出典：The British Psychological Society and Royal College of Psychiatrists(2015)"Dementia and People with Intellectual Disabilities," The British Psychological Society,April 2015, pp.11.（ ）内著者和訳

してより早期に高い割合で認知症に罹患するとされています（図３参照)。ただし、先天性の知的障害と後天性の認知症が重なるため、認知症から生じる記憶障害は発見が困難とされています。また知的障害者が認知症に罹患すること自体がまだ情報として十分に浸透していないことも、その発見を遅らせている要因の一つになっているのではないかと考えられます。ダウン症者と知的障害者の認知症の特性として挙げられるのは、周囲が認知症を疑う契機が前者は遂行機能障害、後者は認知機能障害が現れる傾向にあることが報告されていることです。ただその後に現れる認知症特有の症状はダウン症、知的障害者も大きな差はないとされています。認知症罹患者への対応でまず必要なことは、ダウン症者、知的障害者が認知症に罹患する、という認識をもつことです。つまりこれまで獲得した知識や社会的技術を記憶の障害によって喪失していく、という認知症の特性が本人に生じるということです。

なお、早期に高い割合で認知症に罹患する特性があるとはいえ、何かしら変化が生じた場合に拙速に認知症と決めつけてはなりません。知的障害者が

年齢を重ね、変化が見られた場合、身体面の問題（けがや痛みなど）、感覚面の問題（聴覚と視覚）、メンタルヘルスの問題（精神的落ち込みなど）、虐待（虐待を受けていないか）、ライフイベントの影響（近親者の死など）、劣悪な環境による影響（自宅の清潔が保たれていないなど）、認知症という順でアセスメントをすることが推奨されています。

以上のように、知的障害者は老化が早いことが特徴であると言えます。言うまでもなく個人差はありますので、すべての人が早期に老化するわけではないということも踏まえておく必要があります。したがって、早期に老化が認められる傾向を認識しつつも、やはり個別化を念頭に関わっていくことが求められます。

③面接の際の留意点

知的障害者の障害特性として挙げられるのは、自分の意見を言うことや読み書き、計算が苦手な場合があるということです。また、抽象的な概念を理解することが苦手な場合が多いことも障害特性の一つに挙げられます。しかし、どのような特性があるかは、人によって違いがあり、一概に「こうだ」ということができません。また、同じような特性があったとしても、その濃淡も人によって異なります。つまり、知的障害がある人の面接は、「知的障害の特性はこうだ」と決めつけてしまうのではなく、一人ひとり丁寧に、その人の特徴や生活に生じている課題を掘り起こしていくことが重要となります。

では､知的障害がある人との面接の際の注意事項の３点を以下に示します。

１．短文でゆっくりと話す

２．抽象的な表現は避け、具体的にわかりやすく話す

３．穏やかな口調で話す

１つの文章にいくつも質問が入っていたり、主語が曖昧な文章などは避けるようにし、短い文章で具体的なことを話すようにします。

例えば、「普段生活をしている中でどのようなことに困難性を感じて、どのようになればそれが解決すると思いますか？」というのは、長く抽象的で主語が曖昧な文章です。このような質問をする場合は、「あなたは、どのようなことに困っていますか？」「困っていることは、どうすればなくなると思いますか？」というような表現に変えると、理解が促進される可能性を高めます。

また、可能であれば保護者や支援者など、日頃から関わりの深い人に面接に同席してもらい、その人に回答の補足をしてもらうことも、より正確な情報を得ることにつながると考えられます。この際には、本人に配慮が必要なことや生活上の困難、本人が得意なことといった強みなど、より具体的な情報を得られることが期待できます。

最後に、必ずしも知的障害があることを本人が知っていたり、受け入れていたりするわけではないことにも注意が必要です。この事実を本人に伝えるのは医師の役割になります。したがって、安易に「あなたには知的障害があるから」「あなたは知的障害者だから」といった問いかけは避けなければなりません。本人が障害を認識しているか、あるいは受容しているかの情報は、可能な限り面接の前に入手しておくことが求められます。

④知的障害者を対象とした障害福祉サービス

知的障害者に対する公的な生活支援のサービスは、障害支援区分認定を受けた場合、その区分の範囲において、障害者総合支援法に定められているサービスから支給されます。この詳細については、本書23～29ページをご参照ください。

なお、65歳以上になると、障害福祉サービスに相当する介護保険サービスがある場合は、原則として介護保険サービスに係る保険給付を優先して受けることになります。ただし、市町村が適当と認める支給量が介護保険サービスのみによって確保することができないと認められる場合等には、障害者総合支援法に基づくサービスを受けることが可能です。詳しくは、利用者の居住する自治体の担当窓口にお問い合わせください。

⑤知的障害者を対象としたその他の福祉サービス

知的障害者を対象とした福祉サービスとして挙げられるのは「療育手帳」があります。療育手帳は、「療育手帳制度について」（昭和48年9月27日厚生省発児第156号厚生事務次官通知）を根拠にしています。これは、療育手帳制度に関する技術的助言（ガイドライン）であり、各都道府県知事等は、この通知に基づき療育手帳制度について、それぞれの判断に基づいて実施要綱を定めているものです。つまり、法律が根拠になっていないため、都道府県によって、区分の内容が異なります。全国統一の内容になっておらず、都道府県が変更となる引っ越し等の場合は、新たに手帳を申請し直す必要があります。

申請の方法は、本人または保護者が居住地を管轄する福祉事務所長を経由して都道府県知事に対して行い、児童相談所または知的障害者更生相談所において知的障害であると判定された方に対して交付されます。

療育手帳があることでさまざまなサービスが受けられるようになります。以下にその概要をまとめます。

・各種手当や医療助成

知的障害児・者に対する手当や医療助成があります。ただ、これらは必ずしも療育手帳の所持を必要とするものではありません。しかし、各種手当や医療助成をする際には医師の診断書や知的障害を判定する機関の証明書等が必要となることが多いです。その際に療育手帳があると、診断書や証明書が求められないこともありますので、療育手帳があることでさまざまな手続きが簡素化されることがあります。各種手当や医療助成の具体的内容については、表4をご覧ください。

表4　療育手帳により受けられる手当　等

制度の名称	制定元	療育手帳の必要性	手当・助成金額	支給対象者	注
特別児童扶養手当	国制度	療育手帳なしでも申請可だが、療育手帳を所持しており、等級が重度の場合、診断書の提出を省略できる場合がある	1級月額51500円 2級月額34300円	心身に障がいを有する20歳未満の児童の「保護者」	
障害児福祉手当	国制度	療育手帳なしでも申請可だが、再認定時に療育手帳を所持しており、かつ等級が重度の場合、手続きを簡略化できることがある	月額14600円	心身に重度の障がい(※)を有する「児童」	20歳になると障害児福祉手当から特別障害者手当に切り替えることになるが、特別障害者手当のほうが判定基準が厳しく、手当が受けられなくなることもある
特別障害者手当			月額26830円	心身に重度の障がい(※)を有する「20歳以上」の方 ※在宅でも常時介護が必要など、かなり重い障害が基準	
心身障害者福祉手当 重度心身障害者手当 （名称は自治体で異なる）	市区町村制度	療育手帳が必要なことが多い（自治体による）	月額2000円～15000円など自治体により異なる		
心身障害者医療費助成 （名称は自治体で異なる）	市区町村制度	療育手帳が必要なことが多い（自治体による）	医療費自己負担額が、無料・1カ月500円・1回の通院300円など自治体によって様々		

出典：株式会社ゼネラルパートナーズ　Media116（www.media116.jp/other/1906）

・所得税・住民税・自動車税などの軽減

納税者が本人、あるいは控除対象配偶者や扶養親族が療育手帳を所持している場合、「障害者控除」、「特別障害者控除」、「同居特別障害者控除」といった種類の控除により、所得税や住民税が軽減されます。控除される金額は手帳の等級によって変わります。手続きは年末調整か確定申告にて行います。この他にも相続税や贈与税でも控除が受けられる場合があります。

これら税金の控除は、医師の診断書といった税務署に障害を証明する書類があれば、療育手帳がなくても受けることができます。ただ、療育手帳のみで障害を証明することができるため、手続きが煩雑にならない利点もあります。

さらに、障害当事者やその家族が所有する自動車の、自動車取得税・自動車税・軽自動車税の減免措置もあります。減免の内容や、対象となる障害等級は自治体により異なりますので各自治体の窓口に確認するとよいでしょう。

・障害者雇用での就労

療育手帳があると、就労する際に一般就労と障害者雇用枠での就労、また特例子会社での就職も可能になり、選択の幅が広がる可能性が高まります。

また、企業側は障害者を雇用することで、特定求職者雇用開発助成金、障害者トライアル雇用助成金、障害者雇用安定助成金などの支給を受けることができるため、障害がある方の雇用がより高まることにつながります。

（2）視覚障害

①視覚障害とは？

わが国で身体障害者手帳に視覚障害が記載されている人は31万2千人、そのうち65歳以上が約7割を占めると推計されています（『平成28年生活のしづらさなどに関する調査（全国在宅障害児・者等実態調査）』厚生労働省）。

身体障害者福祉法により定義されている視覚障害は表5に示すとおりで

す。矯正したうえでの視力（物体を識別できる能力）と視野（見ることのできる範囲）が認定基準になっています。

視覚障害の状態については、視覚の活用が困難な「全盲」と可能な「弱視」という表現が用いられます。さらに、視力については、物体の識別は困難ではあるものの光を判別できる「光覚」、眼前で手を振ったときの動きがわかる「手動弁」、眼前で指の本数がわかる「指数弁」などの表現が用いられます。

表５　視覚障害程度等級

等級	程度
1級	視力の良い方の眼の視力（万国式試視力表によって測ったものをいい、屈折異常のある者については、矯正視力について測ったものをいう。以下同じ。）が 0.01 以下のもの
2級	1 視力の良い方の眼の視力が 0.02 以上 0.03 以下のもの 2 視力の良い方の眼の視力が 0.04 かつ他方の眼の視力が手動弁以下のもの 3 周辺視野角度（Ｉ／４視標による。以下同じ。）の総和が左右眼それぞれ 80 度以下かつ両眼中心視野角度（Ｉ／２ 視標による。以下同じ。）が 28 度以下のもの 4 両眼開放視認点数が 70 点以下かつ両眼中心視野視認点数が 20 点以下のもの
3級	1 視力の良い方の眼の視力が 0.04 以上 0.07 以下のもの（2級の2に該当するものを除く。） 2 視力の良い方の眼の視力が 0.08 かつ他方の眼の視力が手動弁以下のもの 3 周辺視野角度の総和が左右眼それぞれ 80 度以下かつ両眼中心視野角度が 56 度以下のもの 4 両眼開放視認点数が 70 点以下かつ両眼中心視野視認点数が 40 点以下のもの
4級	1 視力の良い方の眼の視力が 0.08 以上 0.1 以下のもの（3級の2に該当するものを除く。） 2 周辺視野角度の総和が左右眼それぞれ 80 度以下のもの 3 両眼開放視認点数が 70 点以下のもの
5級	1 視力の良い方の眼の視力が 0.2 かつ他方の眼の視力が 0.02 以下のもの 2 両眼による視野の2分の1以上が欠けているもの 3 両眼中心視野角度が 56 度以下のもの 4 両眼開放視認点数が 70 点を超えかつ 100 点以下のもの 5 両眼中心視野視認点数が 40 点以下のもの
6級	視力の良い方の眼の視力が 0.3 以上 0.6 以下かつ他方の眼の視力が 0.02 以下のもの

出典：身体障害者福祉法施行規則別表第５号「身体障害者障害程度等級表」より抜粋

それ以上の視力になると0.01などと数値での表現が可能になります。

②視覚障害の原因疾患と見え方

代表的な視覚障害の原因疾患として、緑内障、糖尿病網膜症、網膜色素変性症、黄斑変性症などが挙げられます。眼疾患により、症状や見え方に違いがあります（表6）。いずれも進行性の疾患で、失明のリスクがあります。網膜色素変性症を除く眼疾患は、加齢に伴い、発症率が上昇します。

表６　代表的な眼疾患と原因・症状

眼疾患	原因	代表的な症状
緑内障	眼圧が上昇し、視神経が圧迫される	視野が徐々に欠けるが、症状が自覚されにくい
糖尿病網膜症	糖尿病の合併症により網膜の血流の低下、毛細血管からの出血	飛び物が見える（飛蚊症）、急激な視力低下が起こるまで症状が自覚されにくい
網膜色素変性症	遺伝子の異常	視野が周辺から徐々に狭窄（図４）、羞明（まぶしさ）、夜盲、視力の低下
黄斑変性症	網膜の中心にある「黄斑部」に病変が生じる	中心部が暗く見えにくい（中心暗点・図５）、ゆがんで見える（変視症）

著者作成

写真１　網膜色素変性症による視覚障害の見え方（視野狭窄）

写真２　黄斑変性症による視覚障害の見え方（中心暗点）

③面談の際の留意点

契約書やケアプランなどの書類をそのまま手渡しても、視覚障害ゆえに読むことが困難なケースが多いことが想定されます。どのようにすれば内容を把握することが可能なのかを確認し、必要な配慮を提供できるよう心がけましょう。具体的には、文字の拡大や白黒反転（背景を黒に文字を白くする）など見えやすく加工した紙資料の提供、電子テキストデータの提供、点字に翻訳した資料の提供などが考えられます。弱視の人の中には、特に配慮がされていない資料でも拡大読書器を使用して、見やすい大きさや色に補正して読み取ることができる人もいます。また、点字を読むことができる全盲の人に対しては、点字に翻訳した資料を提供することが望ましいですが、現実的にそこまでの対応は難しいかもしれません。なかには、電子メールなどで提供されたテキストデータを、読み上げソフトウェアを使い、パソコンで内容を把握することができる人もいますので、確認してみるとよいでしょう。

④視覚障害者を対象とした障害福祉サービス

・同行援護

「同行援護」は視覚障害者を対象とした障害福祉サービスです。外出の際の移動介助や視覚的情報の提供、代筆・代読といった支援を行います。同種のサービスが介護保険にないため、65 歳を超えても継続して同行援護を利用することが可能です。ただし、居宅内では同行援護は利用できないため、居宅内での代筆・代読といった行為は訪問介護等のサービスで対応することになります。原則、費用の１割を利用者が負担することになりますが、世帯（本人及び配偶者）の収入により、負担上限月額が設定されています。

・補装具・日常生活用具

身体障害者を対象とした補助具の支給システムとして、補装具費支給制度や日常生活用具給付等事業があります。それらのうち、視覚障害者を主たる対象とする物品は表 7、表 8 のとおりです。65 歳を超えても支給・給付の対象になります。利用者負担については、補装具は費用の原則１割負担、日常生活用具は自治体ごとに判断されています。日常生活用具については、品目や給付が認められる障害程度等級等も自治体ごとに判断されるため、詳細については自治体の障害福祉主管課への確認が必要になります。

表７　視覚障害者を対象とした補装具

盲人用安全つえ	白杖。周囲に視覚障害者であることを知らせるほか、路面や障害物の状況の把握、障害物への衝突軽減などの機能がある
義眼	無眼球や眼球萎縮等の場合に装着し、容姿の改善を図る
眼鏡	低下した視力の矯正やまぶしさの軽減を図る

著者作成

表８　視覚障害者を対象とした日常生活用具例

点字器	点字を書くために使用する
点字タイプライター	点字を書くために使用する。一度に複数の点を打つことができるため、効率的に点字を書くことができる
点字ディスプレイ	電子的な文字データを点字で表示する機器
視覚障害者用ポータブルレコーダー	CD や音声図書を再生する
視覚障害者用活字文書読み上げ装置	文字情報と同じ紙面に印刷された二次元バーコードをスキャナで読み取り、音声で出力する
視覚障害者用拡大読書器	文字や画像の拡大や白黒反転することで、文字を読み取りやすくする
盲人用時計	針に触れるアナログ時計、時間を読み上げるデジタル時計などがある
盲人用体温計	測定した体温を音声で出力する
盲人用体重計	測定した体重を音声で出力する
電磁調理器	ガスを使わずに安全に調理するための機器。音声ガイドや操作音が付いている機器もある
歩行時間延長信号機用小型送信機	装置を携帯して対応する信号機に近づくと、青信号の延長やメロディーが流れる

著者作成

・自立訓練

自立訓練の事業所の一部では、視覚障害者を対象に、残存する視力を活用して、あるいは、他の機能を活用して、日常生活を送るための訓練を提供しています。同行援護と同様、同種のサービスが介護保険にないため、65歳を超えても利用することが可能です。通所、もしくは入所により、掃除・洗濯・料理等の家事、白杖を使っての歩行、点字の読み書き、パソコン等の電子機器の活用といった訓練を受けることができます。

（3）聴覚障害

①聴覚障害とは？

わが国で身体障害者手帳に聴覚障害が記載されている人は29万7千人、そのうち65歳以上が約8割を占めると推計されています（『平成28年生活のしづらさなどに関する調査（全国在宅障害児・者等実態調査）厚生労働省）。

身体障害者福祉法により定義されている聴覚障害は表9に示すとおりです。補聴機器を使用しない状態での聴力（音を聞きとる能力）で認定されるほか、4級においては語音明瞭度（言葉を聞きわける能力）でも認定されています。

表9　聴覚障害程度等級

等級	程度
2級	両耳の聴力レベルがそれぞれ100dB以上のもの（両耳全ろう）
3級	両耳の聴力レベルが90dB以上のもの(耳介に接しなければ大声語を理解し得ないもの)
4級	1 両耳の聴力レベルが80dB以上のもの（耳介に接しなければ話声語を理解し得ないもの） 2 両耳による普通話声の最良の語音明瞭度が50%以下のもの
6級	1 両耳の聴力レベルが70dB以上のもの（40cm以上の距離で発声された会話語を理解し得ないもの） 2 一側耳の聴力レベルが90dB以上、他側耳の聴力レベルが50dB以上のもの

出典：表5に同じ

表10　難聴（聴覚障害）の程度

軽度難聴 （25dB 以上 40dB 未満）	小さな声や騒音下での会話の聞き間違いや聞き取り困難を自覚する。会議などでの聞き取り改善目的では、補聴器の適応となることもある
中等度難聴 （40dB 以上 70dB 未満）	普通の大きさの声の会話の聞き間違いや聞き取り困難を自覚する。補聴器の良い適応となる
高度難聴 （70dB 以上 90dB 未満）	非常に大きい声か補聴器を用いないと会話が聞こえない。しかし、聞こえても聞き取りには限界がある
重度難聴 （90dB 以上）	補聴器でも、聞き取れないことが多い。人工内耳の装用が考慮される

出典：『難聴対策委員会報告─難聴（聴覚障害）の程度分類について─』日本聴覚医学会難聴対策委員会、2014 年をもとに著者作成

聴覚障害の状態については、その程度により軽度難聴、中等度難聴、高度難聴、重度難聴の４つの表現が用いられます（表 10）。軽度難聴や中等度難聴では、制度上の聴覚障害として認定されず、後述する補装具費支給制度の対象から外れる可能性があります。

②難聴（聴覚障害）の種類

難聴の種類には、聴覚の障害部位に応じて、伝音性難聴、感音性難聴、混合性難聴の３つがあります（表 11）。感音性難聴ではもともと音が歪んで聞こえることが多く、大きな声で話しかけても、補聴器を装用しても、聞こえの状況が良くならないことが指摘されています。高齢者に多い老人性難聴も感音性難聴の一つであり、認知症のリスクを高めることも指摘されています。

③面談の際の留意点

利用者の意思を理解し、支援者の意思を伝えるために、それぞれの利用者に応じたコミュニケーション上の配慮が必要になります。

聴覚を活用できる利用者の場合は、やみくもに大声で耳元に話しかけるのではなく、「ゆっくり・はっきり・区切って」話しかけることが重要です。

表11　難聴の種類と特徴

伝音性難聴	外耳や中耳の病変や障害によって発症 手で耳をふさいだような聞こえ 耳元での大きな声で聞きわけが改善 多くの伝音性難聴は治療が可能
感音性難聴	内耳や脳神経の病変や障害によって発症 手で耳をふさいで電波の状態の悪いラジオを聴くような聞こえ 耳元での大きな声では聞きわけが困難 補聴器の効果が現れにくい 治療が困難
混合性難聴	伝音性難聴と感音性難聴の両方が混在している状態

著者作成

また、利用者によっては、聞き取りながら表情や口形から内容を類推する人や、座席位置により聞こえやすさが変わる人もいます。声の大きさや速さ、利用者との位置関係などを確認しながら、面談を進めることが重要です。

聴覚の活用が困難な利用者に対しては、手話や筆談など視覚を活用したコミュニケーション手段を用います。また先天性の聴覚障害がある場合は、明瞭な発話が困難な場合があります。利用者が最も豊かに意思疎通を図れる手段を確認したうえで、支援者が独力でその手段に対応できるかを見極め、難しいようであれば、後述する手話通訳者派遣や要約筆記者派遣等の利用を求めることも必要になります。

複数の関係者が参加するサービス担当者会議などでは、さらに意思疎通や状況の把握が困難になります。利用者が主体性を発揮できるよう、手話通訳者や要約筆記者の派遣の利用はもちろん、「参加者が発言する際には挙手する」、「理解度を確認しながら進行する」、「要点を記したメモをその都度見せる」などの配慮の必要性も検討していきましょう。

④聴覚障害者を対象とした障害福祉サービス

・手話通訳者派遣・要約筆記者派遣

他者との意思疎通を図り、円滑なコミュニケーションを図るため、市町村単位で手話通訳者及び要約筆記者の派遣が意思疎通支援事業の一環として実施されています。一般的に、利用のためには市町村（もしくは事業を受託している団体）への登録が必要になります。市町村の裁量により運営されるため、利用可能な時間数や内容等はさまざまですが、利用者の利用料負担がない場合がほとんどです。また、65歳以降も継続して利用することが可能です。

・補装具・日常生活用具

身体障害者を対象とした補助具の支給システムとして、補装具費支給制度や日常生活用具等給付事業があります。それらのうち、聴覚障害者を主たる対象とする補装具は補聴器のみです。補聴器の効果を最大限に発揮するためには、本人の聞こえに応じた機種の選択と調整が必要です。補聴器相談医がいる耳鼻科、認定補聴器技能者がいる補聴器店での聞こえの評価や相談等が重要になります。日常生活用具については、表12のとおりです。

いずれの制度も65歳以降も利用することが可能です。利用者負担については、補装具は費用の原則1割負担、日常生活用具は自治体ごとに判断されています。日常生活用具については、品目や給付が認められる障害程度等級等も自治体ごとに判断されるため、詳細については自治体への確認が必要になります。

表12　聴覚障害者を対象とした日常生活用具例

聴覚障害者用屋内信号装置	玄関のチャイムやファックスの受信、目覚まし時計の音などを伝える光や振動で伝達する機器
聴覚障害者用通信装置	ファックス
聴覚障害者用情報受信装置	字幕放送や手話通訳付放送をテレビで受信する機器

著者作成

（4）精神障害

①精神障害者の高齢化

精神障害者の高齢化が進んでいます。精神疾患のある65歳以上入院患者の割合は、2005年は47.9％であったのが、2011年は55.1％、2014年は58.5％、2017年は61.9％と著しく上昇しています。また精神疾患のある外来患者は、2005年には28.6％、2011年は33.9％、2014年は38.7％、2017年は37.2％とこちらも急激な上昇を見せています（『精神障害にも対応した地域包括ケアシステム構築のための手引き』より算出）。では、精神疾患や障害がある人が高齢化した場合、どのような特徴が生じるのでしょうか。

②精神障害の加齢による特徴

これまで統合失調症に関しては一定の年齢を過ぎると妄想や幻覚は減少し、安定した状態になるとされてきました。また高齢になるほど陰性症状がより前面に現れるようになり精神症状は形骸化し、深刻さは減少することが報告されていました。しかし、精神障害のある人すべてが加齢とともに精神症状が落ち着くわけではなく、高齢者となっても幻覚や妄想、またそれに伴って生じる治療や支援の拒否など活発な精神症状が継続している人も少なからず存在することが報告されています。

また、高齢化した入院患者の特徴として、生活習慣病や誤嚥性肺炎、腸閉塞、骨折などの精神科治療に関連する身体合併症が増加することから、長期入院患者のがんの終末期医療まで、多岐にわたることが指摘されています。

以上の情報を総合的に勘案すると、相談支援専門員等の支援従事者は、精神障害の症状等基本的な知識を習得したうえで、一般論や統計などの情報に依拠して本人について判断するのではなく、個人個人に対して、精神障害の症状、その他の疾患などについて丁寧にアセスメントし、それらが起因となって生活上に生じている課題について傾聴し、把握していくことが重要であると言えます。

また、これは精神障害者に限ったことではありませんが、加齢によって心身機能の低下が生じます。心身機能が低下することで生活機能が低下し、これまでできていたことを遂行するにあたり支障が生じます。そしてそれによって新たな生活障害が生じる可能性が高まります。例えば、歩行に不安を抱えるようになった人がいた場合、職場までの通勤にも支障を来したり、住まいにおいても改修が必要になったり、また地域活動への参加が困難になり地域の人々との関係性が希薄になったり失ったりすることも考えられます。

このように、加齢によって生じた心身の不調それ自体、またその不調によって生じる社会生活における課題にも目を向けることが重要であると言えます。

なお、日本の精神科医療の特徴として精神科病床数が約33万床あります。その中で65歳以上の入院患者は先にも見たとおり約62％で、約93万人にも上ります。2014年に精神保健福祉士協会が行った調査によると、精神科病院に入院する65歳以上の人で、介護保険の要介護認定が未申請の人が68.5％でした。この結果から考えると、退院をする際に何かしら支援サービスが必要である人の場合、介護保険の申請がなされているか否かを確認し、未申請だった場合は申請を行うことが求められます。この情報は精神障害者の社会的一側面に過ぎませんが、このほかにも年金や社会保険など、加齢によって生じるさまざまな公的手続きなどについても注意を払っていかなければなりません。

③面接の際の留意点

精神障害の障害特性はさまざま挙げられ、個人差が大変大きいと言えます。また、精神障害は外見からの判断が困難なため、理解されにくいという特徴もあります。したがって、病名や見た感じのみからその人の特徴や困難を判断するのは避けてください。あくまでも、一個人として捉え、個別に状況を把握し判断していくことに留意する必要があります。

一方で、限定された情報として捉えていただきたいのですが、以下に示すような症状が一例として挙げられます。

1．疲れやすい

2．落ち込みやすい

3．些細なことが気になる

4．不安な気持ちになりやすい

5．他人には見えないものが見える、聞こえないことが聞こえる　など

ただし、これらの症状は、疾患や障害から生じるものである場合や、環境や服薬の状況によって引き起こされることもあり、また、さまざまな要因から変化することにも注意を払わなければなりません。

以上のことから、精神障害がある人への面接は、体調や調子がよいときとよくないと感じられるときのそれぞれの状況、また、どのような環境に置かれるとストレスと感じたり、体調に変調を来たすかを聴きとるようにすることが大切です。この際に、精神疾患や障害から生じる症状を尋ねることのみならず、本人の置かれている環境や状況の情報を聴くことが推奨されます。

また、面接の際は、必ずしも本人の体調がすぐれている状態であるとは限らないため、保護者や支援者に同席を依頼してもよいかもしれません。

最後に、知的障害者の面接の留意点でも述べましたが、本人が必ずしも精神疾患や障害があることを認識していたり、受容できているわけではないので、本人が障害を認識しているか、あるいは受容しているかの情報は、可能な限り面接の前に入手するように手配するのが、よりよい面接につながると言えます。

④精神障害者を対象とした障害福祉サービス

精神障害者に対する公的な生活支援のサービスは、障害支援区分認定を受けた場合、その区分の範囲において、障害者総合支援法に定められているサービスから支給されます。この詳細については、本書23～29ページをご参

照ください。

なお、65歳以上になると、障害福祉サービスに相当する介護保険サービスがある場合は、原則として介護保険サービスに係る保険給付を優先して受けることになります。ただし、市町村が適当と認める支給量が介護保険サービスのみによって確保することができないと認められる場合等には、障害者総合支援法に基づくサービスを受けることが可能です。詳しくは、利用者の居住する自治体の担当窓口にお問い合わせください。

⑤精神障害者を対象としたその他の福祉サービス

精神障害者を対象とした福祉サービスとして、「精神障害者保健福祉手帳」があります。この手帳制度は、精神保健及び精神障害者福祉に関する法律に基づいているものであり、内容は全国一律となります。精神障害者保健福祉手帳は、精神疾患（てんかん、発達障害も対象になります）により長期にわたって日常生活、社会生活に支障や制約が生じている人が対象となります。対象となるのはすべての精神疾患で、例として以下のものが挙げられます。

・統合失調症
・うつ病、躁うつ病などの気分障害
・てんかん
・薬物やアルコールによる急性中毒またはその依存症
・高次脳機能障害
・発達障害（自閉症、学習障害、注意欠陥多動性障害等）
・その他の精神疾患（ストレス関連障害等）

なお、障害が知的障害のみの人は療育手帳制度があるため、精神障害者保健福祉手帳の対象とはなりません。ただし、知的障害と精神疾患を両方有する場合は、両方の手帳を受けることができます。また、手帳申請のためには精神疾患による初診から６カ月以上経過していることが必要になります。

申請は、居住地を管轄する市町村長を経由して都道府県知事（指定都市市

表13　精神障害者保健福祉手帳の障害等級

等級	内容
1級	精神障害であって、日常生活の用を弁ずることを不能ならしめる程度のもの（概ね障害年金1級に相当）
2級	精神障害であって、日常生活が著しい制限を受けるか、又は日常生活に著しい制限を加えることを必要とする程度のもの（概ね障害年金2級に相当）
3級	精神障害であって、日常生活若しくは社会生活が制限を受けるか、又は日常生活若しくは社会生活に制限を加えることを必要とする程度のもの（概ね障害年金3級に相当）

出典：厚生労働省ホームページ『みんなのメンタルヘルス総合サイト』（https://www.mhlw.go.jp/kokoro/support/3_06notebook.html）

長）に提出します。その際は、医師の診断書または障害年金証書等の写しを添付します。手帳障害等級は、重度の者から順に1級から3級まであります。具体的な状態は表13に示すとおりです。

精神障害者保健福祉手帳を取得すると種々のサービスを受けることができます。以下にそのサービス内容を示します。

・税金の控除・減免

精神障害者保健福祉手帳を所持することで、所得税や住民税、相続税の控除や自動車税等の軽減措置が取られます。ただし、障害の程度や世帯状況によっても異なりますので税務署に問い合わせて内容を確認する必要があります。なお、手帳には有効期限がありますので、これらの優遇措置を申請する際には手帳の期限が切れていないかの確認が必要です。

・所得税、住民税の控除

本人または控除対象配偶者、扶養親族が精神障害者保健福祉手帳を所持している場合、所得から障害等級に応じた金額が控除となります。また、障害等級1級の人と同居している場合は、配偶者控除・扶養控除加算があります。なお、所得税と同じく、住民税も障害等級に応じた額が所得金額から控除されます。

・相続税の控除

本人が相続した場合、年齢及び障害等級に応じて税額から控除されます。

・贈与税

精神障害者保健福祉手帳１級の人のみの控除になります。贈与の際に、信託銀行との間で「特別障害者扶養信託契約」を結ぶと、贈与額のうち6,000万円まで非課税となります。

・自動車税・自動車取得税の軽減（手帳１級の人）

・就労

精神障害者保健福祉手帳を所持していると、就労を希望する際にもさまざまなサービスが受けられます。精神障害者が就労する場合に課題となるのが、障害をオープンにするか、クローズにするか、つまり障害があることを、就職を希望する企業に伝えるか否か、という問題です。オープンにする場合は精神障害者保健福祉手帳を利用して障害者雇用枠を利用するのが一般的です。ただし、クローズにして一般就労を目指す場合に、手帳所持を報告する必要性を感じる人もいるようですが、手帳所持の報告は義務ではないので、伝えたくなければ伝える必要はありません。

なお、障害者雇用での就労については、知的障害がある方と同じになりますので、69ページをご参照ください。

（５）脳性麻痺等の肢体不自由

①脳性麻痺の一次障害と二次障害

肢体不自由とは、上肢、下肢、体幹の運動機能等に障害のあることを指し、身体障害の中で最も多い障害です。

状態像は多様で、交通事故等により脊髄に損傷を受けた脊椎損傷、受胎から生後４週までに脳の損傷が原因とされる脳性麻痺、脳梗塞や脳出血等による脳の損傷が原因となる脳血管障害が代表的なものになります。ここでは、ケアマネジャーが日頃接する機会が少ないと推測される脳性麻痺を中心に紹介します。

先に示したとおり、脳性麻痺は妊娠から生後4週までに発症したものを指します。ここでは、脳性麻痺と診断されたときに現れている障害を一次障害と表現します。

脳性麻痺の一次障害としては、四肢における麻痺が代表的なものとして挙げられます。このほか、「筋緊張異常」と呼ばれるような、筋肉の緊張により動かしづらい状況が見られたり、「不随意運動」と呼ばれるような、自分の意思に基づかない体の動きが見られたりします。また、知的障害等の他の障害を重複する人もいますが、全員ではありません。「脳性麻痺」と一言で言っても、その機能障害は多様です。

一方、もともとの障害に加齢の影響やその障害者の置かれている生活や労働の状況が影響して、二次障害が生じると言われています。これは、成人期以降の二次的疾患の影響とも言えます。一次障害、二次障害の具体的な内容は表14のとおりです。本稿の主題である加齢に伴う特性は、ここで言う二次障害に該当すると言えます。

表14　脳性麻痺の一次障害と二次障害

一次障害	二次障害・二次的疾患
四肢の麻痺 筋緊張異常 不随意運動 構音障害等	頸髄症（二次的疾患） 変形性股関節症（二次的疾患） 四肢麻痺の増悪 手のしびれ 股関節痛

出典：『二次障害ハンドブック　改訂版』より、「二次障害とは何か」大井通正著、2007年及び『成人脳性マヒ　ライフ・ノート』より「第1章二次障害とは」万歳登茂子著、2013年を参考に著者作成

②肢体不自由の加齢による特性

代表的な加齢に伴う二次的疾患として、まず頸髄症が挙げられます。頸髄

症は加齢により頸椎（首の骨）に変形や頸椎椎間板ヘルニア等が進行し、脊髄が圧迫されるものです。その結果として、二次的な障害が発生し、手指のしびれや腕の脱力、歩行障害、排泄障害が新たに現れます。次に、変形性股関節症が挙げられます。脳性麻痺の人は股関節周囲の筋力や筋緊張のアンバランス、臼蓋形成不全等によって、股関節の亜脱臼が起こります。さらに成人期に至って骨頭や臼蓋が変形を来し、変形性股関節症を引き起こします。歩行ができていた脳性麻痺の人も歩行ができなくなることがあります。

これらの症状は高齢期に現れるのではなく、頸髄症の場合は30歳代から注意が必要であると言われるなど、早期に表出する特徴があります。このような二次障害への対応については、今まではリハビリテーションや装具で予防し、二次障害が現れた後は手術的治療が主流でしたが、新たな治療法も紹介され始めています。そのため、定期的な健康診断をはじめ、医療機関の継続的な受診といったことも重要になります。

③面談の際の留意点

面談の際の留意点としては、コミュニケーション方法を事前に把握しておくことが挙げられます。そして、本人の表出性、受容性双方のコミュニケーション方法に関する情報に基づき、事前に面談の戦略を立てます。

コミュニケーションの方法については、主に構音障害の有無が大きなポイントになります。構音障害のある人の場合、こちらの言っている言葉を理解し、自身の伝えたいこともあります。ただし、表出性コミュニケーションがさまざまな方法で行われることが多いです。具体的には、介助者が本人の言った言葉を再度復唱する、福祉機器を使用する等が挙げられます。これらの例の場合は、面談時間に余裕を持つ必要があります。こういったコミュニケーション方法に関する情報を事前に収集し、この面談ではどこまでをゴールとするのか、何時間くらいを想定するのか、家族や介助者が同席するのか等を検討します。脳性麻痺における機能障害は定まった障害ではありません。そのため、一人ひとり特性が異なることを想定し、対応することが最大の留意点と言えるでしょう。

④肢体不自由の人を対象とした障害福祉サービス

・居宅介護、重度訪問介護

自宅等において、身体介護等を行うサービスとして、居宅介護、重度訪問介護が挙げられます。これらの相違点としては、居宅介護が障害支援区分１以上の人が利用できる幅広いサービスであるのに対し、重度訪問介護は障害支援区分４以上の人を対象としており、重度の肢体不自由の人等を対象にしている点が挙げられます。

サービス内容は、重度訪問介護の場合、居宅介護では認められていない外出時における移動中の介護が認められています。また重度訪問介護は長時間の利用を想定して、報酬単価が設定されています。

65歳以上の人の利用については居宅介護、重度訪問介護ともに障害福祉サービスの固有のサービスと規定されていません。しかし、もともと居宅介護を利用していて、介護保険サービスに相当するサービスを利用する場合、１割負担の上限額を超える場合があります。こういった場合については、１割負担の上限額を超えた部分について居宅介護の利用が認められます（上乗せ」サービス）。また重度訪問介護については、先述したように居宅介護とも異なるサービスになっており、65歳以上の支給が認められる場合もあります（解説編Ⅰ５参照）。

・生活介護、就労継続支援Ｂ型

肢体不自由の人の日中の活動について考えた場合、①一般企業等で働いている、②障害福祉サービスを利用して社会参加をしている、といった２つのタイプに大別されます。ここでは、障害福祉サービスを利用して社会参加をしている人が利用しているサービスを紹介します。

代表的なサービスとしては、生活介護、就労継続支援Ｂ型が挙げられます。

どちらも障害者の社会参加を支援するサービスです。

相違点としては、主に２点挙げられます。１点目の相違点はサービスの内容です。生活介護は主に身体的介護や創作的活動、生産活動の機会を提供するのに対し、就労継続支援Ｂ型は生産活動の機会の提供が主な内容になります。

２点目の相違点は対象者です。生活介護は50歳未満の場合は、障害支援区分３以上、50歳以上の場合は障害支援区分２以上と規定されています。一方、就労継続支援Ｂ型については特に障害支援区分は規定されていません。どちらも障害者の社会参加を促すサービスですが、障害のある人の状態像やニーズによって使い分けられているサービスです。

65歳以上になった場合、就労継続支援Ｂ型は障害福祉サービスの固有のサービスと規定されているため、利用の継続が認められる場合があります（「横出し」サービス）。一方、生活介護の場合は、介護保険サービスに相当のサービスがあると考えられ、利用の継続が認められない場合があります。ただし、長年利用していた場合、急激な環境の変化を避けるため、障害福祉サービスと介護保険サービスを交互に利用するといった併給を認める自治体も存在します。

引用・参考文献

・『平成25年度全国知的障害児者施設・事業実態調査報告書』日本知的障害者福祉協会、2015年

・『障害者の高齢化に関する課題検討報告』障害関係団体連絡協議会、障害者の高齢化に関する課題検討委員会、2015年

・The British Psychological Society and Royal College of Psychiatrists（2015）"Dementia and People with Intellectual Disabilities, " The British Psychological Society, 2015,pp.11.

・Royal College of Psychiatrists（2009）"Dementia and People with Intellectual

Disabilities, " The British Psychological Society,2009,pp.44-45.
・『精神障害にも対応した地域包括ケアシステム構築のための手引き（2019年度版）』日本能率研究会総合研究所、2020年
・『高齢入院精神障害者の地域移行支援に関する現状と課題　第2版』、P.15、公益社団法人日本精神保健福祉士協会高齢精神障害者支援検討委員会編、公益社団法人日本精神保健福祉士協会、2016年
・「精神医療現場での精神障害者の高齢化」『老年精神医学雑誌』28（8）、P.839-843、竹林裕直著、白石弘巳著、ワールドプランニング、2017年
・「老年期統合失調症の症候論的特徴」『老年精神医学雑誌』15（10）、P.1136-41、三山吉夫著、ワールドプランニング、2004年
・『認知症の知的障害者への支援―「獲得」から「生活の質の維持・向上」へ』木下大生著、ミネルヴァ書房、2020年
・『二次障害ハンドブック　改訂版』肢体障害者二次障害検討会編、文理閣、2007年
・『成人脳性マヒ　ライフ・ノート』万歳登茂子・脳性マヒの二次障害実態調査実行委員会編著、クリエイツかもがわ、2013年

- V -
相談支援専門員を知ろう

1　ケアマネジャーと相談支援専門員の業務の相違点、類似点

(1) 制度上の相違点

まずはじめに、制度等の相違点について、表で整理しましょう（表1)。

表1　ケアマネジャーと相談支援専門員の相違点

	ケアマネジャー	相談支援専門員
資格試験	あり	なし
研修制度	違いあり	
再研修制度	あり	なし
開始時期	支給決定後	支給決定前（サービス等利用計画案の作成）
モニタリング	毎月	個別に頻度を決定 （サービスごとの実施標準期間あり）
給付管理	あり	なし
担当件数	（基準） 40件、60件以上で逓減 ※ICT等を活用している場合は、45件､60件で逓減（2021年度より）	（標準件数）３５件／月 40件以上で逓減（前6カ月の平均値）

著者作成

これらからわかることは、全体的に、相談支援専門員のほうが、資格試験の有無、再研修制度の有無、モニタリングのあり方、給付管理の有無という点で、柔軟性が高いと言えるということです。柔軟性が高いということは、それだけ、個別支援の専門性の高さが要求されることから、現場実践の中での経験と研修の必要性が求められます。

（２）両者の類似点

介護保険のケアマネジメントと障害児者の相談支援は、支援をするにあたっての視点に大きな違いはありません。

障害がある人の場合、利用者のライフステージや心身の状態をはじめとする状況の幅広さもあり、医学モデル的な対象者理解やパターン別のマニュアル的な支援に陥らないよう留意する必要があります。

障害福祉分野では、本人中心・本人主体の視点や個別性の重視、エンパワメントの視点、ストレングスへの着目、権利擁護や意思決定支援の視点を重視した制度設計をしています。また、そのような教育を行っています。本書の読者であるケアマネジャーの皆さんは、相談支援専門員は養成の過程において、そのような教育を受けているという点は押さえておく必要があります。

次に、相談支援専門員の特徴について、理解を深めていきます。

２　相談支援専門員の資格要件

（１）障害児者の相談支援事業

障害児者の相談支援は、障害者総合支援法や児童福祉法に基づき、図１に示す事業として実施されています。

市町村地域生活支援事業による相談支援事業には、市町村が障害児者やその家族などの暮らしに関する多種多様な相談支援に応じる事業（民間事業者等に委託されている自治体が９割以上を占めるため、「委託相談」とも呼ばれます）と地域の相談支援機関の中核的な機能を果たす基幹相談支援センターがあります。

このほかに、障害福祉サービス等の利用者である障害者等に個別給付をされる事業として、計画相談[注]があります。計画相談が提供する役割は多岐

図１　障害児者の相談支援事業

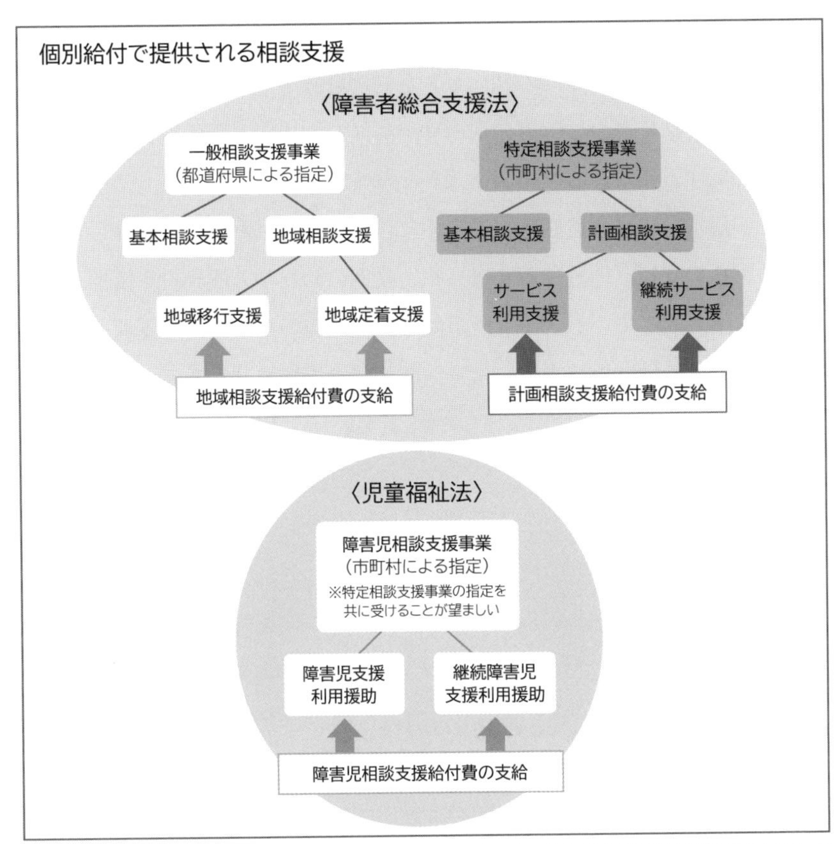

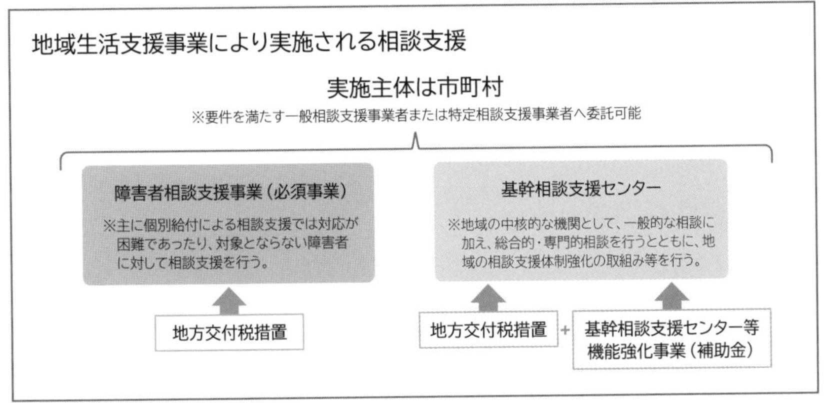

出典：厚生労働省資料　一部改変

にわたりますが、大づかみには、障害福祉分野におけるケアプランを作成する事業と捉えるとわかりやすいでしょう。障害者総合支援法に規定する障害福祉サービスを利用する際のサービス等利用計画を作成する指定特定相談支援、児童福祉法に基づく障害児通所サービスを利用する際の障害児支援利用計画を作成する指定障害児相談支援があります。

また、個別給付される相談支援の中には、住み慣れた地域での暮らしを継続するための支援（地域定着支援）や、長期にわたり入所施設や精神科病院などに入所入院している人が退所退院し、地域で暮らすための支援（地域移行支援）をする地域相談支援（指定一般相談支援事業）もあります。

（注）計画相談支援と障害児相談支援を総称し、本書では「計画相談」といいます。

（2）相談支援専門員

これらの相談支援事業に従事する際に求められるのが、「相談支援専門員」という資格であり、「指定計画相談支援の提供に当たる者として厚生労働大臣が定めるもの」等として、障害者総合支援法（基準省令）に定められています。計画相談に従事し、サービス等利用計画や障害児支援利用計画を作成するためには、相談支援専門員である必要があります。その他の相談支援事業に従事する際にも、事業の基準や自治体との契約上、相談支援専門員であることが必要である場合があります。

相談支援専門員になるための要件は、2つあります。一つは所定の実務経験があること、もう一つは法に定める研修を修了することです（図2)。

（3）主任相談支援専門員

さらに、2018年度からは、地域づくり、人材育成、困難事例への対応など、地域の中核的な役割を担う専門職を育成するとともに、相談支援専門員のキャリアパスを明確にし、目指すべき将来像及びやりがいをもって長期に働ける環境を整えるため、「主任相談支援専門員」が創設されました。この主

図２　指定相談支援事業所と相談支援専門員

- 指定相談支援事業所ごとに管理者及び相談支援専門員等を配置
- 指定相談支援事業所に配置された相談支援専門員等が、
  - ・利用者の意向を踏まえたサービス等利用計画の作成
  - ・地域移行・地域定着に向けた支援
  - ・市町村の委託による障害者（児）の各種の相談支援を実施

※指定特定・指定障害児相談支援事業所数 10,202箇所（2020年4月1日現在）

※上記事業所に配置されている相談支援専門員数　22,631人（2020年4月1日現在）

［相談支援専門員の要件］

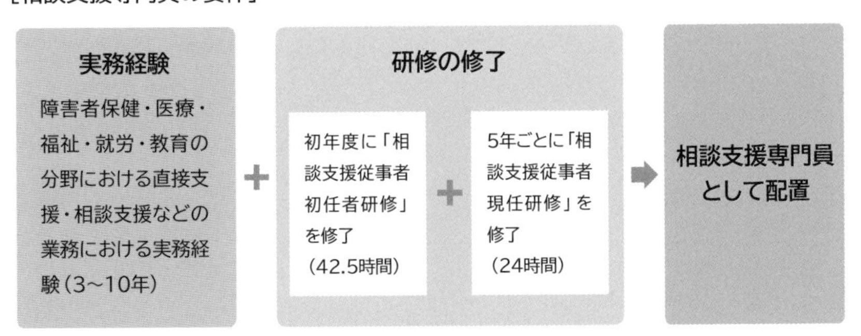

出典：厚生労働省資料　一部改変

任相談支援専門員は、基幹相談支援センターに配置される職種の一つとして位置づけられています（基幹相談支援センター等機能強化事業における配置する職種の一つ）。また、計画相談支援事業所に主任相談支援専門員を配置した場合、その他要件も満たせば質の高い相談支援を提供している事業所として得られる報酬を算定することができます。

（４）相談支援専門員になるための実務要件

必要となる実務経験は、基礎となる資格の有無やそれまでに就いてきた業務の種類や職種により異なりますが、新卒から計算した場合、最短でも５年

表２　相談支援専門員の実務経験要件

<table>
<tr><th colspan="2"></th><th>業務内容</th><th>実務経験年数</th></tr>
<tr><td rowspan="9">障害者の保健、医療、福祉、就労、教育の分野における支援業務</td><td rowspan="5">①相談支援業務</td><td>施設等において相談支援業務に従事する者※１</td><td rowspan="5">５年以上</td></tr>
<tr><td>医療機関において相談支援業務に従事する者で、次のいずれかに該当する者
（１）社会福祉主事任用資格を有する者
（２）訪問介護員２級以上に相当する研修を修了した者
（３）国家資格等※２を有する者
（４）施設等における相談支援業務に従事した期間が１年以上である者</td></tr>
<tr><td>就労支援に関する相談支援の業務に従事する者</td></tr>
<tr><td>特別支援教育における進路相談・教育相談の業務に従事する者</td></tr>
<tr><td>その他これらの業務に準ずると都道府県知事が認めた業務に従事する者</td></tr>
<tr><td rowspan="2">②介護等業務</td><td>施設及び医療機関等において介護業務に従事する者</td><td rowspan="2">10年以上</td></tr>
<tr><td>その他これらの業務に準ずると都道府県知事が認めた業務に従事する者</td></tr>
<tr><td rowspan="2">③有資格者等</td><td>上記②の介護等業務に従事する者で、次のいずれかに該当する者
（１）社会福祉主事任用資格を有する者
（２）訪問介護員２級以上に相当する研修を修了した者
（３）保育士
（４）児童指導員任用資格者</td><td>5年以上</td></tr>
<tr><td>上記①の相談支援業務及び上記②の介護等業務に従事する者で、国家資格等※２による業務に５年以上従事している者</td><td>3年以上</td></tr>
<tr><td colspan="4">※１　平成18年10月１日において現に障害児相談支援事業、身体障害者相談支援事業、知的障害者相談支援事業、精神障害者地域生活支援センターの従業者の場合は、平成18年９月30日までの間の期間が通算して3年以上
※２　国家資格等とは、医師、歯科医師、薬剤師、保健師、助産師、看護師、准看護師、理学療法士、作業療法士、社会福祉士、介護福祉士、視能訓練士、義肢装具士、歯科衛生士、言語聴覚士、あん摩マッサージ指圧師、はり師、きゅう師、柔道整復師、栄養士（管理栄養士を含む。）、精神保健福祉士のことを言う。</td></tr>
</table>

出典：厚生労働省資料

の経験を要します（表2)。非常に複雑な仕組みとなっているほか、細かな定めを研修実施者や指定権者（自治体）がしている場合(注)がありますので、相談支援専門員になろうとするときは、初任者研修を受講する前に、自分が「実務経験要件」を満たしているか、実施要綱等をよく読んで確かめることが重要です。

（注）社会福祉に関する事業は法に定めるもののほか、都道府県や市町村独自の事業等さまざまな形で展開されてきた経緯があります。そのため、実務経験要件については、法定の事業以外の同内容の事業・職種も実施者である都道府県知事が認める場合は実務経験としてよい書きぶりとされています。

高齢者福祉の分野の各事業の業務についても、実務経験としてカウントできる場合が多くあります。居宅介護支援事業所のケアマネジャーとしての業務経験も実務経験要件となります。例えば、年180日以上ケアマネジャーとして勤務した場合、５年（社会福祉士等の国家資格がある場合は３年）の実務経験があれば、相談支援専門員の実務経験要件を満たすことになります。

主任相談支援専門員となるためには、現任研修を（1回以上）修了してから、さらに３年の相談支援の実務経験と主任相談支援専門員研修を修了することが必要です。

（５）相談支援専門員になるための研修

法に定める研修は、「相談支援従事者養成研修」といい、相談支援専門員の資格を得る際に修了する必要のある初任者研修と資格を更新する際に修了する必要のある現任研修、そして主任相談支援専門員の資格を得るための要件の一つである主任相談支援専門員研修の３つがあります。

①初任者研修

初任者研修は42.5時間で、障害者相談支援やケアマネジメント技法の基礎を講義や演習、実習を通して学びます。相談支援専門員にはどのようなミッション・役割があるのか、そのミッションを達成するためには、どのような視点や技術が必要なのか、それを現場の中でどのような業務として行いながら達成していくのかを段階的に学びます。

②現任研修

現任研修は24時間で、自らの価値観や業務を振り返り（点検し）ながら、多職種連携にさらに磨きをかけ、地域づくりの取組みをさらに強化するなど、スキルアップに必要な視点や技術、研鑽の方法（特に、スーパービジョン）を学びます。

③主任相談支援専門員研修

2018年度から開始された主任相談支援専門員研修は30時間で、現任研修同様、更新研修として自らの価値観や業務を振り返るとともに、地域の中核となるために必要な視点や技術を学びます。

なお、2015年12月、『障害者総合支援法施行3年後の見直しについて～社会保障審議会障害者部会報告書～』が公表されました。そこでは、計画相談支援の質の向上に向けての研修制度の見直し、計画相談支援に関わる相談支援専門員への指導的な役割を担う主任相談支援専門員の制度化、意思決定支援ガイドラインを活用した相談支援専門員研修の実施とカリキュラムの見直し、いわゆる「親なき後」を見据えた相談支援専門員と介護支援専門員（ケアマネジャー）の連携の推進と両者の視点を踏まえた研修のあり方、の4点を含む提案がなされました。その後、厚生労働省の「『相談支援の質の向上に関する検討会』における議論のとりまとめ」（2016年7月及び2019年4月）により、より具体的な研修の実施体制とカリキュラムについての提案がなされました。

これを受けて、2020年4月1日から上記のカリキュラムへと改定が行われました。この新たなカリキュラムでは、段階的に学びを深めていくような整理が行われたほか、主体的・協働的（参加的）に学ぶ学習（いわゆるアクティブ・ラーニング）が強く意識されており、演習主体となっているほか、初任者研修に実習が取り入れられ、また、各研修と実務場面での教育（OJT）の連動が強く意識されるなどしたカリキュラムとなっています。

これらの研修は、多くの都道府県では都道府県が主体となって実施しています。また、都道府県知事の指定する事業者が実施しているところもあるほか、一部の政令指定都市では基礎自治体が実施していることもあります。

研修会の開催は、回数が定められていたり、定員に限りがあったりする場合もあります。相談支援専門員になろうとする際は、年度の早い時期から都道府県に問い合わせたり、こまめに都道府県のホームページ等を確認したりするなど、情報収集をしておくとよいでしょう。

（６）相談支援専門員資格の更新

相談支援専門員の資格を維持するためには、初任者研修修了の翌年度から５年の間に１回、現任研修もしくは主任相談支援専門員研修を修了し、資格を更新する必要があります。

資格更新の期限には押さえておくべき、勘違いしやすい点が一つあります。それが「５年の間に１回」という点です。

これは、起算点である初任者研修を修了した年度の翌年度から数え始め、５年度までの間であれば、どの年度に修了しても構わないので、その期間内に一度、更新研修を修了することが必要になるというものです。

ポイントは、初任者研修を修了した年度です。これが起算点となります。そして、この起算点は更新を続ける限り、変わることはありません。更新研修を受けた年度に影響を受けて、その後の更新間隔が変わることはないのです。起算点を起点とし、その翌年度から５年度の間に１回の修了が繰り返し必要になるということになります。

3　相談支援専門員の業務内容と支援の視点

（1）障害児者の生活（ニーズ）の実態

当然のことながら、障害児者の生活は千差万別です。特に留意する必要があるのは、介護保険を利用する人と比べ、対象者像やそのニーズがより幅広いことです。そのため、ソーシャルワークの基本原則と言われる「個別性の重視」や「エンパワメントの視点」、「権利擁護」や「意思決定支援」が障害児者支援の現場ではとりわけ重要となります。これらについて、以下に解説していきます。

高齢者分野では医療との連携が進み、地域包括ケアシステムにおいても医療が大きな核となっています。この連携は非常に重要なものですが、諸刃の剣として、人の生活を医学的な視点を中心に捉えがちになってしまう危険性を孕みます。そのため、本人の弱みとも言える「障害（できないこと・状態）」ではなく、本人の希望やできること、経験してきたことなどの「ストレングス（強み・可能性）」に着目することも重要です。

①人の生き方の多様性、ライフステージの幅広さと個別性の重視

障害のある人の、ライフステージは幼年期（時には出生前から関わることもあります）から老年期までにまたがります。そのため、本人の夢や希望は日常生活上のこと、身辺的な自立に関わることにとどまらず、学校や仕事（キャリア）のこと、友人関係や結婚、性のこと、親からの自立のこと、趣味や生きがいに関することなど多岐にわたります。

本人の感じる日常生活・社会生活上の困難さも、それまでの本人の経験や家族との関係など、障害の種類や程度のみならず、さまざまな要因が複雑に絡み合って生み出されるものになります。

高齢者にもここに挙げたようなニーズはあります。「なんだ、ケアマネジャーとして大切にしてきたことと同じではないか」と思ったかもしれません。そのとおりです。違いはありません。どのような人にも、その人一人ひ

とりの個別のニーズはあります。ここで強調していることは、その幅広さです。介護保険を利用する高齢者の場合、ライフステージが限定されます。また年を重ねていく過程の中で、生物学的に辿る心身の変化にも多くの人に共通する部分があります。それに比して、ライフステージや本人の状態像の幅などが広く、より多種多様なものになるという意味で、（特に障害種別による）パターンに当てはめない、個別性の重視は特に忘れないでほしい基本的視点です。

②エンパワメントの視点
――人は経験し、暮らし続けることで成長し続ける。それを支えること

また、障害があると、さまざまな活動に参加することに制約が加えられることが現在の日本ではまだまだ多いことを忘れてはなりません。特別支援学級や特別支援学校などの普通学級とは違う学校環境で育ち、時には教育内容を異にしていることもあります（受験勉強や塾通いなどを知らない場合もあります）。「ケアが必要」「移動に制約がある」といった理由で、放課後や長期休業中に大人から離れ、子どもたちだけで背のびした冒険をする機会が限られている場合もあるのです。他にも、就くことができる仕事が制約されたり、仕事をする環境が異なっていたりすることもあります。中には、自分の性的な欲求や結婚願望など、当たり前にある欲望や願望を抑圧している人も多くいます。

高齢者の圧倒的多数は、現役世代のときには社会に出て活躍し、広がりをもった生活を送ってきています。それに比して、障害のある人の場合、障害のない人であれば多くが経験しているであろうことも、経験していないことが往々にしてあります。その可能性を常に念頭に置きながら支援を進めていくことが重要です。

③本人主体を基本に、家族支援も

また、本人主体・本人中心も重要な視点の一つです。障害のある人と接するとき、そばに家族や支援者などがいると、つい、そちらの話を聞いてしまいがちです。時には、家族や支援者に自らの考えや思いを伝えたい気持ちが強く、自分の考えを本人の考えと織り交ぜて伝えてくる場合もあります。そうした思いを聴き、寄り添う家族支援の視点ももちろん重要ですが、まずは本人の言葉に耳を傾けることから始めることが求められます。

また、本人がうまく言葉で表現できない場合には、表情や行動などから本人の考えや思いを読み解くことも支援のカギとなります。

日本では、本人と家族は切っても切り離せない関係の中で生活していることが多いため、本人と家族を完全に分けて考えることが妥当でない場合も多くありますが、「本人主体・本人中心の支援をするとしたら」という前提で面談を組み立て、アセスメントや支援に反映させていくことに留意しましょう。

本人主体と家族支援の重要性は高齢者の支援でも同じことですが、高齢者と介護する家族の関わりの歴史や現在の関係性と、障害児者の本人と家族の関係性には生活上の背景などに違いがあると見たほうがよい場合が多いという点がポイントです。

（2）相談支援専門員の役割

①相談支援専門員のミッションと活用する技法

相談支援専門員の役割は、障害のある人の地域での生活を利用者とともにつくり出すこと、そして障害のある人が当たり前に暮らせる地域社会をつくり出すことです。ここでいう「地域」には、コミュニティとしての地域社会の意味とともに、いわゆる（入所）施設の対義語としての意味があります。本人の希望する本人らしい暮らしを地域社会の中でさまざまな社会資源を活用しながら、本人とともにつくり出すことが相談支援専門員の役割です。

入所施設である障害者支援施設を利用する際にも、サービス等利用計画が必要であり、相談支援専門員の関与が原則となりますが、私たちの本務先は地域社会であることは常に念頭に置く必要があります。

本人の障害がとても重いから、家族がもう支援できないと言っているから、家族も本人もいいと言っているから、といってすぐに入所施設の利用と結びつけることは望ましくありません。本人や家族の本心はどうなのか、真のニーズはどこにあるのかを慎重に検討することが必要です。また、障害者支援施設を利用する調整を行う場合であっても、何のためにそこを利用するのかを明確にし、その後の人生を入所施設で暮らし続けることを前提とした選択しかない支援を組み立てることがないように注意します。

そのためには本人の希望や思いを聴き、状況をよく理解し、本人とともに向かうべき方向を定め、その方向に向かうための具体的な方法を考え、その方法をとるために必要な社会資源を調整・活用していきます。そして、その経過を把握し、ゴールに向かっているか、ゴールが変わっていないかなどを確認しながら、本人の暮らしがより本人らしい方向に向かうよう、支援を進めていきます。すなわち、ケアマネジメントの手法を核として用いて、支援を進めていくことになります。

以上は、**２（１）**に挙げた各種の事業の相談支援すべてに共通する、相談支援専門員が行う業務となります。計画相談や地域相談などの事業は、その基準省令（人員及び運営に関する基準を定めたもの）の中にこれらを行うことが規定されています。

②計画相談に従事する相談支援専門員の役割

ここでは、業務においてケアマネジャーと密接な関わりをもつことが多い、計画相談に従事する相談支援専門員の役割を見ておきましょう。

計画相談支援は、社会資源の調整・活用の中でも、障害者総合支援法の障害福祉サービスや児童福祉法の障害児通所支援のサービスを利用するに際しての支援を行うことを制度上の核としています。この業務は、計画相談支援事業所の相談支援専門員しかできません（ただし、「セルフプラン」として利用者本人が自らの意思で、自分で計画案を作成することは可能です）。

さまざまな社会資源などを活用しながら生活の支援は進めていくものですが、同時に、複雑化した制度の中では、仕組みの理解を支援したり、サービスの利用や変更の申請、事業者との利用調整といった福祉サービスの利用を支援することが、業務の中で大きな割合を占めるのは、ケアマネジャーの役割と同様です。

ただし、サービスの利用支援にとどまらず、地域のあらゆるものを活用し、利用者の暮らしを本人と共につくっていくことが重要であることを忘れてはなりません。これは法や制度の理念にも明記されています。

（３）相談支援の流れ

①ケアマネジメントの原則

相談支援の流れは、基本的に介護保険のケアマネジメントプロセスの流れと同じです。本人や周囲からの相談を受け付け、受理の判断をし、受理する場合には、基本的にはケアマネジメントプロセスに基づいた支援を進めます。

すなわち、本人や家族をはじめとする周囲の関係者との良好な関係を構築しながら、まずは、本人の希望や思いを聴きます。そして、さまざまな手段を用いて本人を取り巻く状況（環境、現状）やその背景、本人の生きてきた歴史といった情報を得るとともに、本人の考え方や価値観、趣向といった人柄・個性をよく理解します。本人（や家族など周囲）の課題や困っていること、解決したいことを共有し、整理しながら、本人とともに向かうべき方向を一緒に定めます（インテーク、アセスメント）。

ともに定めた方向に向かうための具体的な方法を考え、その方法をとるために必要な社会資源を調整し、活用していきます（プランニング）。

活用しながら本人が歩んでいく、その経過を把握し、ゴールに向かっているか、ゴールが変わっていないかなどを確認します（モニタリング、エバリュエーション）。

その結果、必要に応じて計画をさらに進め、時には計画を見直しながら、本人の暮らしがより本人らしい方向に向かうよう、支援を進めていきます。

これらが、プロセスを管理しながら（PDCAサイクルを活用しながら）支援を進めていく基本的な方法であり、**（2）**で述べたとおり、障害児者の相談支援において共通する基本的な支援の技法となります。

②障害福祉サービス利用と計画相談の流れ

計画相談もケアマネジメントの原則に則ってその仕事を進めていきます。

しかし、制度として理解しておくべきポイントや業務手順がありますので、それを見ていきましょう。図3（P.104）、図5（P.111）にそのプロセスを示します。

サービス利用申請とサービス等利用計画案（障害児支援利用計画案）の提出依頼

市町村は、サービスを利用したいと申請した人に対し、ケアプラン案の提出を求めます。このケアプラン案のことを、障害者総合支援法の障害福祉サービスを利用する場合は「サービス等利用計画案」、児童福祉法の障害児通所支援を利用する場合には「障害児支援利用計画案」と呼びます。障害福祉サービスと障害児通所支援の両方を利用する場合には、障害児支援利用計画案一つにまとめて作成することになります（以下、ケアプランについては「サービス等利用計画」と表記しますが、特に注記する場合を除いて障害児支援利用計画を含むものとします）。

サービス等利用計画案の提出を求められた本人は、計画相談支援事業所と契約して、サービス等利用計画の作成を依頼することになります。ただし、本人が希望する場合には、自らプランを作成するセルフケアマ

図３　介護給付・訓練等給付・地域相談支援給付の支援決定プロセスについて

市町村は、必要と認められる場合として省令で定める場合（申請・支給決定の変更）には、指定を受けた特定相談支援事業者が作成するサービス等利用計画案の提出を求め、これを勘案して支給決定を行う。

＊上記の計画案に代えて、指定特定相談支援事業者以外の者が作成する計画案（セルフプラン）を提出可。

支給決定時のサービス等利用計画の作成、及び支給決定後のサービス等利用計画の見直し（モニタリング）について、計画相談支援給付費を支給する。

障害児についても、児童福祉法に基づき、市町村が指定する指定障害児相談支援事業者が、通所サービスの利用に係る障害児支援利用計画（障害者のサービス等利用計画に相当）を作成する。

＊障害児の居宅介護等の居宅サービスについては、障害者自立支援法に基づき、「指定特定相談支援事業者」がサービス等利用計画を作成（障害児に係る計画は、同一事業者が一体的（通所・居宅）に作成）。

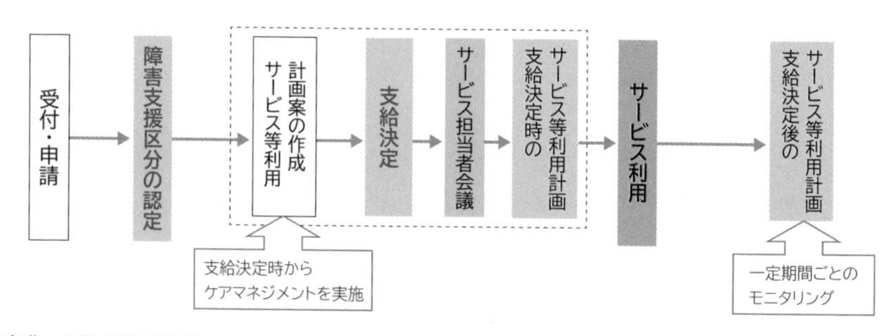

出典：厚生労働省資料

ネジメント（そして自ら作成したプランを「セルフプラン」と呼びます）を選択することもできます。「セルフプラン」を選択した場合は、初期の計画案作成のみが求められ、モニタリングはありません。

相談受付、利用契約

現在の制度と状況下では、市町村の窓口にサービスの利用申請に行った利用者の相談を受ける、というのが計画相談支援事業所の業務における本人との出会いとなることがほとんどです。

利用を希望して来た本人に対し、相談支援の提供開始にあたっては、十分にその趣旨や事業所のことを説明し、納得を得たうえで双方合意のもと、利用契約を結びます。

しかし、計画相談支援事業所を街中に構えていれば、飛び込みで多種多様な相談を受けることもあるでしょう。そうした相談に応じていくことも大切なことですし、その結果、障害福祉サービス等の利用を勧めたほうがよいと判断した場合には、利用勧奨や申請の支援も重要な役割です。また、飛び込んできた相談を受けているうちに、福祉サービスの利用にはつながらないものの（すなわち報酬が発生しないということになります）、継続した関わりが必要だと判断した場合には、自治体や基幹相談支援センター等と連携しながら、役割分担をして支援を進めていくことが必要とされています。

アセスメント

本人との面談や周囲からの情報収集等を進めながら、関係性の構築やアセスメント、サービス等利用計画案の作成を進めます。

プランの作成に際しては、本人が適切にサービスを選択できるよう、地域の事業所が提供しているサービスについて情報提供することや、利用者の心身の状況や生活環境、日常生活全般の状況などの情報を収集し、その評価を通じて利用者の希望する生活や利用者が自立した日常生活を営むことができるよう支援するうえで解決すべき課題等の把握（アセスメント）を行わなければならず、アセスメントを行うときには本人の同意のもと自宅を訪問して面談をすることと基準においても定められています。

サービス等利用計画案の作成と市町村への提出

アセスメントの結果に基づき、サービス等利用計画案を作成します。

サービス等利用計画案には①利用者及びその家族の生活に対する意向、②総合的な援助の方針、③生活全般の解決すべき課題、④提供される福祉サービス等の目標及びその達成時期、⑤福祉サービス等の種類、内容、量、⑥福祉サービス等を提供するうえでの留意事項、⑦モニタリング頻度を記載する必要があります。

その際、利用者の日常生活全般を支援するため、障害福祉サービスのみならず、地域のさまざまな福祉サービス等、当該地域の住民による自発的な活動によるサービス等の利用も含めて計画上に位置づけるよう努めることも定められています。

また、非常に重要なのがモニタリング頻度の提案です。障害福祉においては、介護保険と異なり、毎月モニタリングを行い、報酬が得られる仕組みにはなっていません。さまざまな状況を勘案して個別にその頻度が決定されることになっています（市町村による支給決定の内容に含まれます）。行政上の目安として、モニタリング実施の標準期間が利用する障害福祉サービスの種別ごとに定められています（図4）。市町村は、その性格上、モニタリング実施の標準期間どおりに頻度を決定しがちです。しかし、モニタリング頻度こそが自らと本人との関わりを説明するカギです。また、報酬にも直結します。相談支援専門員は、自分が利用者とどのような関わりをする必要があり、そのために具体的にどのような業務をどれくらい行う予定であるか、そしてそれに伴ってモニタリング頻度はどれくらいであるのかを説明し、個別の状況に応じたモニタリング頻度を提案することが重要となります。

こうして本人とともに作成したサービス等利用計画案は、本人の文書

図４　モニタリングの実施標準期間と実施イメージ

対象者	期間
①新規又は支給決定の内容に著しい変更があった者	１月間 ※利用開始から３月のみ
②集中的な支援が必要な者	１月間
③就労定着支援、自立生活援助、日中サービス支援型共同生活援助の利用者	３月間
④居宅介護、行動援護、同行援護、重度訪問介護、短期入所、就労移行支援、自立訓練の利用者	３月間
⑤生活介護、就労継続支援、共同生活援助（日中支援型を除く）、地域移行支援、地域定着支援、障害児通所支援の利用者	６月間 ※ 65 歳以上で介護保険のケアマネジメントを受けていない者は３月間
⑥障害者支援施設、のぞみの園、療養介護入所者、重度障害者等包括支援の利用者	６月間

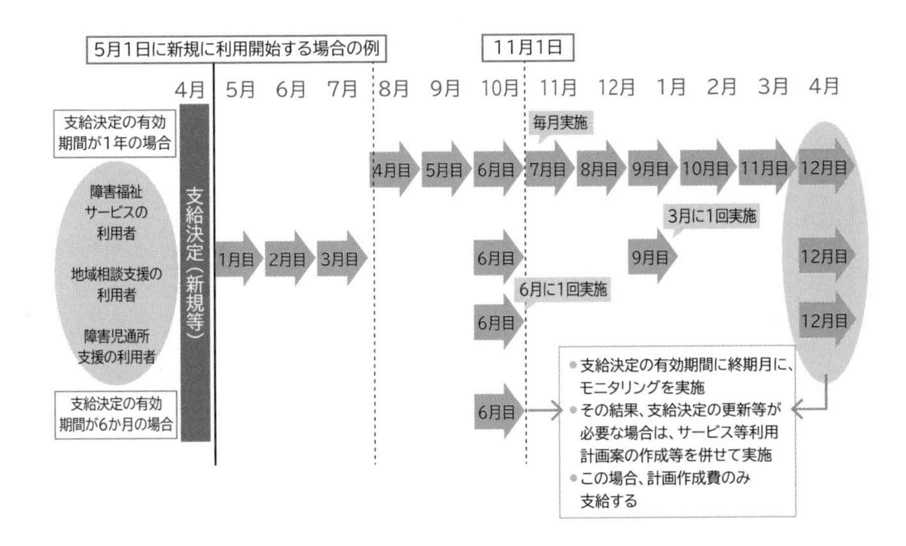

出典：厚生労働省資料

による同意を得たのち、市町村の障害福祉担当部署に提出します。本人にこのサービス等利用計画案を交付する必要があることは言うまでもありません。

支給決定

支給決定は市町村が行います。市町村は、医師意見書と障害支援区分の認定調査の結果をもとに、必要な場合は障害支援区分を認定し、それとサービス等利用計画案等を勘案して支給決定を行います。支給が決定された場合には、支給決定の通知とともに受給者証が発行されます。

サービス利用調整とサービス担当者会議の開催

支給が決定された後、具体的なサービスの利用（開始）調整を行います。そして利用することになった福祉サービス事業所等の担当者を集めたサービス担当者会議を開催し、サービス等利用計画を確定させます。「計画案」を「計画」にすることから、この確定されたサービス等利用計画のことを「案とれ」と通称で呼ぶことがあります。

サービス担当者会議では、サービス等利用計画案を担当者に説明し、専門的な見地からの意見を求めなければならないとされています。すなわち、本人の希望や意向を含む情報や方針（方向性）を共有し、役割分担を行い、今後の予定を確認し、関係者間のコンセンサスを得る会議ということになります。

また、『障害者ケアガイドライン』（2002 年 3 月 31 日、厚生労働省社会・援護局障害保健福祉部）以来、この会議にもまた本人主体の視点を反映させることの重要性が強調されています。基準には定められていませんが、本人や家族の参加を図ることや本人が本人らしく発言のできる場所（主には自宅が想定されます）を選ぶことも重要です。

こうして確定されたサービス等利用計画は本人・家族と各サービス等の担当者に文書で渡すことが必要と規定されています。

モニタリング

サービスの利用が開始されると、支給決定された頻度ごとに定期的にモニタリングをしていくことになります。

モニタリングにおいてすべきことは、基準の中では、利用者についての継続的な評価を含むサービス等利用計画の実施状況の把握を行い、必要に応じてサービス等利用計画の変更、事業者等との連絡調整その他の便宜の提供、サービスの種類や支給量の変更が必要と判断される場合には、利用者にその勧奨を行うことが定められています。

また、利用者や家族、事業者等と継続的に連絡を行うことや住まいを訪問して、面接することも定められています。

そのほか、モニタリングは、計画を作成するときと同様の方法で行うこととされていますが､サービス担当者会議は義務とはされていません。しかし、2018 年度報酬改定からモニタリング時のサービス担当者会議がサービス担当者会議実施加算として報酬上評価されるようになったことからもわかるとおり、支援チームが一同に会する場をもつことは非常に重要となっています。

終結

ケアマネジメントの原則的な終結と制度としての計画相談における終結は趣を少し異にします。サービスの利用が開始されると、支給決定された頻度ごとに定期的にモニタリングをしていくことになり、それはサービス利用が終了するまで続きます（セルフプランを希望する場合は除きます）。

4　機関間の連携

機関間の連携、いわゆる多職種連携は、高齢者福祉の分野におけるそれと何ら変わるところはありません。ただし、連携先がライフステージ等によって大きく異なります。また、その連携先のもつ特性によって、連携の仕方や濃度に差が出ることもあります。これらが、障害児者の支援を難しく感じさせる原因の一つではないかと考えられます。

それぞれの機関の特長を気長につかみ、じっくり関係を醸成していくことが必要となります。

（1）障害福祉サービス事業所との連携

①訪問系サービス事業所との連携

訪問系サービスの事業所は、事業者も含め、介護保険の指定事業者と重なる部分が多くあります。しかし、介護保険と比べ、制度上のサービスの利用方法（特に利用制約）に関する規定に異なる部分が多くあります。また、重度訪問介護や行動援護、同行援護や移動支援など障害福祉に特有のサービスがあります。

連絡調整はサービス提供責任者と行うことが中心になりますが、日々のケアの調整は介護保険よりはサービス提供責任者が中心となって行う部分が多くなります。また、給付管理がないため、事業所からの報告等も介護保険同様の取扱いをする事業所もあれば、より緩やかな運用をする事業所もあります。

②通所系・居住系サービス事業所との連携

通所系サービスの事業所には、就労や活動の支援など障害福祉特有のサービスを提供する事業所があります。

連絡調整をはじめとする連携は、サービス管理責任者と行うことが多くなります。サービス管理責任者はそのサービス提供事業所で提供するサービスについて、個別支援計画を作成することとなっています。相談支援専門員とサービス管理責任者は利用者の支援を一緒に考えながら、生活全般に関する

図５　サービス等利用計画と個別支援計画の関係

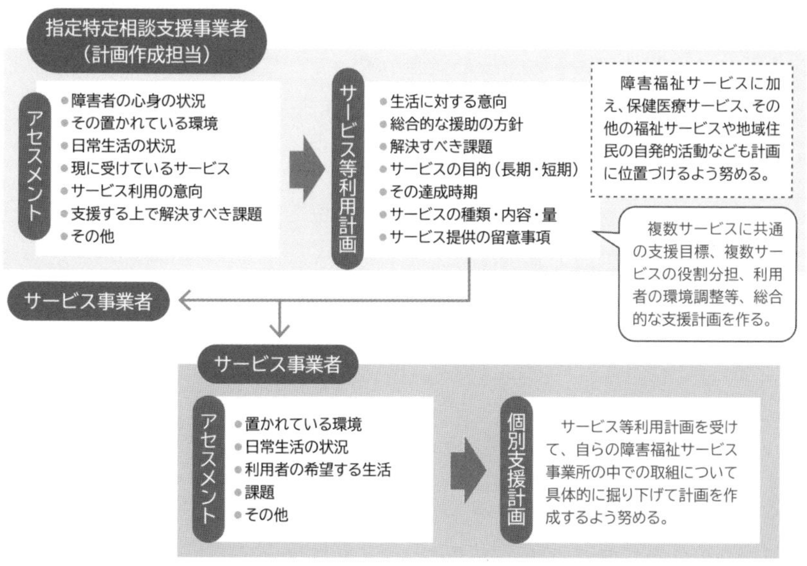

出典：厚生労働省資料

サービス等利用計画と各場面でのサービスに関する計画である個別支援計画を連携のツールとして活用していくことが重要です。

介護保険では制度創設当初からケアマネジメントが必須化されました。そのため、制度の開始当初からケアプランがあったことになります。

一方、障害福祉において、サービス等利用計画の作成対象者をすべての利用者としたのは、2012年の障害者自立支援法一部改正のときでした。これに対し、サービス提供事業所の個別支援計画を必須としたのは、同法が施行された当初の2006年のことです。法改正前からの利用者については、利用者との関わりも計画作成も、ともにサービス提供事業所の取組みが先行していることになります。

また、障害福祉における計画相談支援には給付管理等がなく、モニタリング頻度も毎月であることは少ないことから、サービス提供事業所と相談支援事業所とが日常的に連絡を取り合わなければ「ならない」仕組みとは言い難い側面があります。

そうした中で、利用者とサービス提供事業所との関わりのほうが、相談支援事業所との関わりよりも密接な状態が続いていることになります。こうしたことから、相談支援事業所とサービス提供事業所の連携は過渡期にあると言えます。

一般論としての連携はさておき、具体的に現場でどのように連携していけばよいかは、その地域の事情にも大きく左右されます。市町村の担当者や基幹相談支援センターの職員、地域のベテラン相談支援専門員などに地域の状況を聞きながら、これからの連携をつくり出していくことが求められています。

（2）関係機関との連携

障害福祉分野における関係機関は、ライフステージによって大きく変わります。乳幼児期であれば市町村の子ども子育て担当部局や保健センター・保健所（母子保健部門）、児童発達支援関係機関（療育機関）などとの連携が必要となりますし、学齢期に入ると学校や放課後児童クラブ、放課後等デイサービス、子育て支援のNPOなどとの関わりが増えてきます。就労のこととなると障害者就業・生活支援センターや障害者職業センター、公共職業安定所（ハローワーク）、企業担当者との連携が生まれます。医療機関も、地域の医療機関のみならず、より専門的な高度医療を提供する病院や精神科病院との連携も必要となります。

幅広い連携となりますので、これも焦らず、一人ひとりの支援を通じて、周囲の関係者の情報提供や助言を得ながら支援を進めていくことが重要です。

5　難しいけれども大切、ケアマネジャーと相談支援専門員の連携

（1）連携の現状と課題

ケアマネジャーと相談支援専門員が連携するケースはさまざまにありますが、ここではいくつかの場合に分けて考えてみましょう。

①いわゆる介護保険への「つなぎ」　バトンの送り手と受け手

保険優先の原則から、介護保険と障害福祉サービスでは、同じサービスを受けようとする場合は介護保険が優先されます（解説編Ⅰ参照）。

そのため、障害者が介護保険の受給資格を得た場合（65歳となった場合など）、介護保険で利用できるサービスについては原則として介護保険を利用するように障害福祉サービス等からの移行を促されることがあります。

しかし、制度同士の仕組みの違いや運用の違いから、混乱や不安が生じたり、介護保険の利用が円滑に進まなかったりするケースもあるようです。

移行するにあたっては、両制度の利用可能なサービス量や費用負担の違い（制度改正により、できるだけ不利益が生じないよう配慮されるようになり

ました)、担当者や事業所の交代など、利用者はさまざまな変化に直面することになります。そのため、不安を感じたり、その違いを納得できなかったりといった葛藤を抱えることも多く見られます。65歳が来たからと事務的にことを進めるだけではなく、利用者の心情や状況にも目を配りながら、まさにリレーのバトンを受け渡すように“のりしろ”をもった連携をすることが求められます。

障害福祉分野・相談支援専門員はバトンを渡す側、介護保険分野・ケアマネジャーはバトンを受ける側になります。

i　利用者や家族に十分な説明を行い、理解を得ること

まず、双方の制度について丁寧に説明し、利用者の理解を得る必要があります。ポイントは次のとおりです。

・漠然とした不安が大きいため、正確な制度の理解を図り、不安の解消を図ること

利用者は、「利用料が高くなるのではないか」、「今まで利用していたサービスが利用できなくなるのではないか」などの不安が募ります。実際には、利用料負担を低減する措置が活用できたり、介護保険に移行してもこれまで同等のサービスが使える場合や、介護保険にはないため従前どおりのサービスを利用できる場合もあります。逆に、サービスの利用方法が変わってしまう部分もあります。これらを丁寧に説明しながら、不安の解消に努めていく必要があります。

・介護保険の受給資格を得る相当前から説明を開始すること

きちんとした理解と納得を得るためには、一定の時間をかけた丁寧な説明が必要となるものです。直前になって、「65歳になりますから介護保険に」と言うのは乱暴です。一定の期間をかけて準備をしていけるよう、市町村の介護保険・障害福祉の両部局と相談支援専門員は留意し、お互い連携する必要があります。バトンの受け手であるケアマネジャーは、そのことを相談支

援専門員に伝える機会が必要となります。

・相談支援専門員だけでなく、市町村の担当者や介護分野の専門職の協力を得ること

どの居宅介護支援事業所を選ぶかは、本人が選択します。そのため、相談支援専門員は、市町村や地域包括支援センターと協議しながら、その支援をしていく必要があります。そのための地域のネットワークづくりも大切です。

ii　相談支援専門員とケアマネジャーが一定期間併走すること

利用者が介護保険の居宅介護支援事業所を選んだら、担当のケアマネジャーとの関わりが始まります。しかし、長年一緒に歩んできた相談支援専門員のほうが、最初は本人のことをよく知っています。特にサービス利用や調整のことは、誰よりもよく知っています。そのため、利用者の細かな不安を解消し、納得を得、利用にあたっての課題を埋めていくためには、双方の仕組みをよく知る専門職が連携することが必要です。そのためには、一定期間、相談支援専門員とケアマネジャーが併走する、いわゆる「ダブルケアマネ」が望ましいとされています。その中では、情報や見立ての伝達・共有、お互いが開催する会議への参加、二人同時に利用者等と接することなどが具体的に考えられます。

このような相談支援専門員とケアマネジャーの併走は報酬上も評価されるようになってきています。

2018年度障害福祉サービス等報酬改定では、相談支援専門員が居宅サービス計画や介護予防サービス計画の作成等に協力したこと評価する「居宅介護支援事業所等連携加算」が創設されました。具体的には、ケアマネジャーのアセスメントに同行したり、サービス等利用計画やモニタリング結果を情報提供した上で、利用者の心身の状況、生活環境、サービスの利用状況等をケアマネジャーに説明したりした場合に算定できるものです。

さらに2021年度改定では、この加算が拡充されました。拡充のポイントは２点あり、一つは障害福祉サービス利用終了後も一定期間算定できるようになったことです。もう一つは、サービス終了前後の①居宅等を訪問して月２回以上の面接を実施、②他機関の主催する会議への参加、③他機関での書面による情報提供と、対象とする業務を拡充したことです。このうち、①の居宅等を訪問しての面接とは、ケアマネジャーと共に訪問することなどが見込まれるほか、②の他機関の主催する会議への参加には、ケアマネジャーが主催するサービス担当者会議に相談支援専門員が出席することが想定されています。

iii 相談支援専門員とケアマネジャーがお互いをよく知り合うこと

よく、「『そちら』の制度のことをよく知っておかないと」と言います。しかし、介護保険制度も障害福祉の制度も20年以上の時を経て、複雑化しています。双方の細かな仕組みから運用までを熟知する人材は限られています。基礎的な知識はお互い持ちつつ、「餅は餅屋」と細かな運用は連携の中で互いを活用しあうことが重要です。そのために必要な取組みとしては以下のようなものが考えられます。

・互いの制度を知るための取組み（研修等）の実施

基礎的な制度に関する知識、お互いがどのようなことを学んでいるか（どのような考え方をする専門職なのかを知り合うこと）を知るためには、制度の講義だけではなく、双方の専門職が討議するグループワークが有効です。

・地域で顔の見える関係を築くための取組みの実施

知識や理解だけがあっても、連携はうまくいきません。地域の中で、顔を合わせて情報交換・交流をしたり、課題を協議したり、一緒に学んだりする場が重要です。

ⅳ 連携促進のための地域での仕掛けづくりをすること

・実践（具体的な支援）を通した連携の強化

学びにOJTが有効であるように、連携の強化にも、一人ひとりの支援を通じた取組みの積み重ねが有効です。ただし、重要なのは、成功体験を積み重ねることです。試行錯誤や紆余曲折はつきものですが、最終的に徒労感だけが残るような経験は利用者のためにも避けなくてはなりません。そのためには、単に担当者だけが連携するのではなく、うまく支援が進むような「お膳立て」が必要であり、地域の中で連携をコーディネートする役割やそのような連携を水平の立場で協議する場が必要です。その「お膳立て」としては、行政の介護保険と障害福祉担当部局の連携、自治体と地域包括支援センター、基幹相談支援センター等中核となる相談支援機関の協議の場でその仕掛けづくりをするなどの取組みが重要です。そこでは地域ケア会議と（自立支援）協議会の協働のような会議での協働も必要となります。

②第２号被保険者の支援と、介護保険サービスと障害福祉サービスの併給

第２号被保険者でも、特定疾病により、介護保険の受給資格を得る場合があります。このような場合には、40歳になったとき等、65歳未満でも介護保険の利用や移行の課題が発生することがあります。根本的な移行に関する課題はこれまで述べてきたとおりですが、社会参加などの部分について、就労系サービス等の障害福祉サービスとの併給を考えるケースがより多くなるとも考えられます。

また、サービスの併給とはならなくても、ケアマネジャーが「まだ若いから、もっと社会に出る活動をしたほうがよいのではないか？」と考えることがあるでしょう。そのようなときは、基幹相談支援センター等障害福祉分野の相談支援と連携しながら、さまざまな障害福祉分野の資源を活用することも考えられます。

第１号被保険者の場合も同様ですが、介護保険サービスと障害福祉サービ

スを併給する場合、プランは原則として介護保険のケアプランに統合して作成することになります。すなわち、併給を希望する障害福祉サービスについても、ケアプランの中に位置づけ、そのプランを障害福祉サービスにおいても利用することになります。

ただし、市町村の障害福祉担当部局は、ケアプランとは別にサービス等利用計画案の提出を求めることができます。そのようなときは、ケアプランとサービス等利用計画とプランが２つできることになります。この場合、事業所や相談員は同一でもそうでなくても構いません。ただし、同一の担当者がケアマネジャーと相談支援専門員を兼ね、両方のプランを作成する場合、障害者総合支援法側の計画相談支援給付費は減算（居宅介護支援費（介護予防支援費）重複減算）となるので、注意が必要です。

③複合的な課題を抱える世帯の支援における連携
――ケアマネジャーと相談支援専門員がともに関わる支援

もう一つ押さえておきたいのは、複合的な課題を抱える世帯への関わりにおける連携です。

相談支援専門員をしていると、よくケアマネジャーから、「ずっと家の外に出ず、数十年ひきこもりの状態にあった子どもがいた」、「開かずの部屋があるのだが、どうやら子どもがいるようだ」などの相談を受けることがあります。いわゆる「8050 問題」です。

逆に、相談支援専門員がケアマネジャーに相談を持ちかける場合もあります。「私の担当している利用者さんは、50 代で元気、毎日生活介護事業所に通っている。でも、ご両親が 80 代で、年々衰えが見られて。この間、お父さんが亡くなったのだけど、お母さんが調子を崩したらどうなるのかしら。最近は外出がしんどいようで…」など。

このような場合は、ケアマネジャーが親を、相談支援専門員が子を、それぞれを担当しながら、まさに多機関協働することになります。

（2）連携の際の留意点

2012年からは、サービス等利用計画作成の対象者拡大に伴い、より多くの相談支援専門員が必要になりました。その流れもあり、最近ではケアマネジャーと相談支援専門員を兼務する人が増えた地域もあります。

そうした中で、良い関係が築けている地域もあれば、苦戦しているところもあるようです。いろいろと話を聞いていると、見えてくるものがあります。それは、いい関係は、お互いが相手を理解しようとする姿勢のあるところに生まれているということです。その姿勢が、地域の支援の実践につながり、その実践の積み重ねが地域のシステム化につながります。この仕組みと実践の両輪がうまくかみ合っていることが連携の真のポイントでしょう。

逆に、うまくいかないところは、うまくいかないマイナスの経験を共有し、「だから、あちらは…」と相手の弱みや自分たちと違うところを仲間同士で共有しているところのようです。そして、人はより同質性のある集団のほうを好みます。結果は推して知るべしです。

それでは、今、ケアマネジャーと相談支援専門員がともに起こすべきアクションは何でしょうか。

システムづくりは、いきなりは荷が重いと思います。しかし、ちょっと興味をもって、「相手を知ろうとしてみよう」「いい関係を築いてみよう」と思うことはできるのではないでしょうか。

本章では、ケアマネジャーと相談支援専門員の違いをたくさん説明しました。しかし、両者は本質的には、同じケアマネジメントの使い手であるソーシャルワーカーなのだと考えます。仕組みや主な対象者像が違うだけです。しかし、違いがあるのも事実です。現実的な違いが姿勢の違いを生み出します。制度の違いがすぐには埋められないとしたら…。

お互いが小さくても一歩を踏み出す、とにかくプラスの経験を一緒に味わう。その姿勢と行動の変化が、まずできることなのだと思います。

- Ⅵ -
ケアマネジャーと相談支援専門員の連携のポイント

1　ケアマネジャーと相談支援専門員が連携して支援していくための前提となるもの

障害者の高齢化に伴い、ケアマネジャーと相談支援専門員との連携が求められています。ケアマネジャーと相談支援専門員との共通点は、個別のニーズに応じてケアマネジメントの技法を活用し、多くの専門職や関係者が協力し、地域サービスを調整して柔軟に提供して行くことですが、介護保険制度と障害福祉制度では給付の目的が違うので、ケアマネジャーや相談支援専門員が行う相談支援の展開は同じでも、作成された計画の内容が異なります。

介護保険制度は、「尊厳を保持し、その有する能力に応じ自立した日常生活を営むことができるよう必要な給付を行う」（介護保険法第１条）とあり、自立した日常生活を営むためにケマネジャーは相談支援を展開していきます（注）。一方、障害福祉制度は、「基本的人権を享有する個人としての尊厳にふさわしい日常生活又は社会生活を営むことができるよう必要な給付を行う」（障害者総合支援法第１条）となっており、障害福祉サービスは社会参加も含めた広範な領域にも支援を行うことになっています（注）。今日、障害福祉制度における相談支援従事者研修を受講するケアマネジャーが増えてきましたが、「障害分野における広範な領域への支援の必要性がわからない」など、戸惑いながら受講されている方も見受けられます。そのため、制度の違いや理解不足によって連携の妨げにならないよう、それぞれの法律の目的や制度の枠組みを理解したうえで連携することが必要です。

（注）下線は筆者加筆。

2　相談支援専門員からケアマネジャーへの引き継ぎの流れ

障害者が65歳到達時（特定疾病に該当する場合は40歳到達時）の３カ月前以内に市町村が対象障害者に介護保険制度（以下、「介護保険サービス」という）の利用案内の文書を郵送、もしくは相談支援専門員（市町村職員が行う場合もあります）が介護保険サービス移行について丁寧な説明を行います。要介護認定等申請を受理・調査を実施した後、新たに介護保険サービスを利用する段階でケアマネジャーに相談して介護保険サービス利用のためのケアプランの作成を依頼する段階で引き継ぎを行うのが一般的ですが、支援環境が変わること等から不安が強くありますので、十分な移行期間を設け、相談支援専門員から丁寧に説明してもらうことが必要です。

3　ケアマネジャーと相談支援専門員との連携

障害福祉制度（以下、「障害福祉サービス」という）を利用している障害者が新たに介護保険制度を利用することで、相談支援専門員からケアマネジャーに支援を引き継ぐことが一般的ですが、相談支援専門員を介さず障害福祉サービスを利用（注）している場合は、介護保険サービスを利用したことでケアマネジャーが相談支援専門員に相談をする必要があります。

サービスの利用にあたっては、障害福祉サービスから介護保険サービスへ移行する場合もあれば、両サービスの併給もありますので、障害者の置かれている状況によってサービスの引き継ぎ方は異なります。本人の望む生活に向けて、両制度の枠組みの違いを理解しながらすべてを結び付けて考えていくことが大切です。

（注）障害者総合支援法では障害福祉サービスを利用する人に対してサービス等利用計画を作成することになっていますが、障害者自身がサービス調整等できれば相談支援専門員を介さずにセルフマネジメントを行うことも可能としています。

4　介護保険サービスと障害福祉サービスの併用事例

（1）事例の概要

Ａさん　69歳　男性　独居

障害程度

視力障害、障害支援区分２

要介護度：要介護１

利用中のサービス

介護保険サービス：訪問介護（週３回）、
機能訓練型デイサービス（週１回）

障害福祉サービス：通院介助（１回８時間以内）、家事援助（週１回0.5時間、月３時間）、同行援護（週２回、月30時間）

（2）相談支援専門員が関わるまでの経緯

視力障害の当事者団体の役員から市障害福祉課ケースワーカー（以下、「ＣＷ」という）に話があり、最近本人が当事者団体に参加してこないので、心配になって話を聞くと、視力が急激に低下したため家の中でも不自由にしていることや、精神的にうつ状態が続いているため相談に乗って欲しいとのことでした。障害福祉サービスを利用していましたが、相談支援専門員を介さずに利用していたため、ＣＷの依頼を受けて相談支援専門員が対応することになりました。

（3）本人の意向

本人から話を聞くと、視力が最近になって急激に低下して、見え方や程度の波があり、時にはまったく見えないこともあるようで、大切な書類や郵便物などが読みづらいことや、これまでは一人でも可能だったショッピングや近隣への外出などができず、家に閉じこもっている状態が続いていることがわかりました。以前は当事者活動の参加や近隣の外出等をして生活を楽しんでいましたが、今は不安で外出できないため気分が沈んでいるとのことでした。また、ヘルパーに伝えても理解してもらえないとも言っていました。

図１　事例におけるケアマネジャーと相談支援専門員の連携①

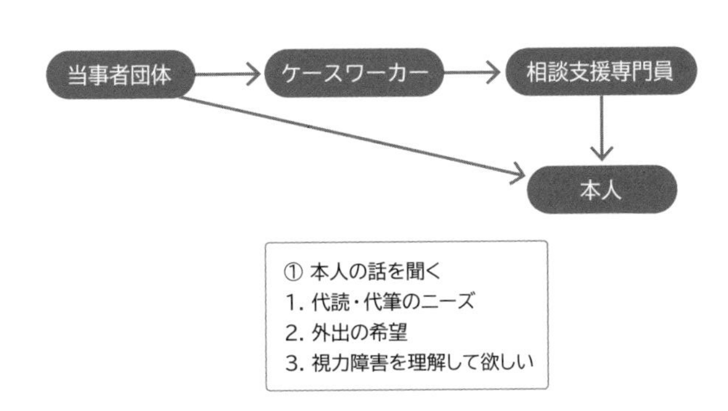

（４）相談支援専門員との共有と支援の課題

相談支援専門員は本人と面談した内容をＣＷに報告し、地域包括支援センターから担当ケアマネジャーを紹介してもらいました。ケアマネジャーの話によると、介護保険サービス利用当初は問題がなかったが、徐々に視力低下による代読等の要求が増えていき、ヘルパーが対応できないことを説明しても本人は納得せず、「何もしてくれない」と訪問介護への不信感となっているとのことでした。また、本人は、視力低下と言うが見えることもあるため、「見えているのに見えないふりをしている」とヘルパー側の誤解につながって相互不信に陥っており、ケアマネジャー自身は両者の間に入って調整するも対応に苦慮しているとのことでした。

（５）課題

①障害への理解不足

視力障害の原因となる疾病の影響のため「見え方の片寄りや変動がある」

障害であることについて、本人及び支援者の理解が不足していて、「見えているのに見えないふり」という誤解につながり、相互不信に陥っていました。

②制度の違いへの理解不足

介護保険サービスの訪問介護では、代読や代筆は対象とならないことから、訪問介護への不信感となっていました。そのため、本人自ら音声携帯電話や拡大読書器を購入したものの利用の仕方がわからず、障害福祉サービスの利用を検討することとなりました。

図２　事例におけるケアマネジャーと相談支援専門員の連携②

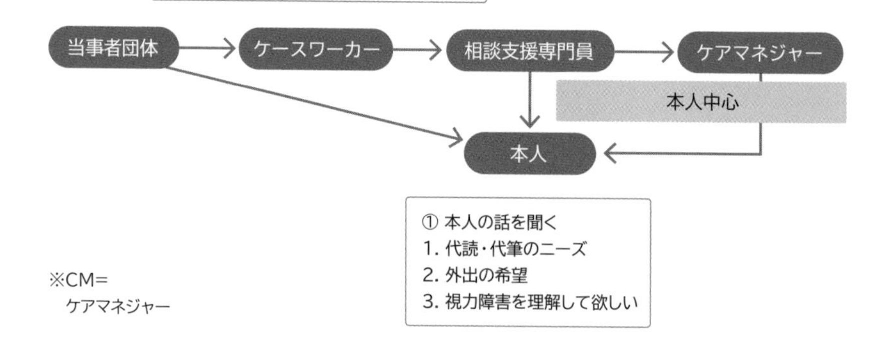

（６）本人の希望する生活に向けてケアマネジャーと相談支援専門員の連携がスタート

ケアマネジャーと相談支援専門員、本人の三者で会い、本人の希望を改めて確認することになりました。本人はヘルパーとうまく関係が築けていないことや、書類や郵便物の代読・代筆をしてもらえないと困ること、当事者活動の参加や近隣への外出はとても楽しみにしているが、目が見えにくくなってから不安も重なり一人では出かけられないでいることを訴えていました。

ケアマネジャーから、代読や代筆は介護保険サービスでは対象外であることの理由を説明しました。相談支援専門員からは、障害福祉サービスから郵便物や回覧物の代読・代筆などのコミュニケーション支援として家事援助サービス、近隣への外出や当事者活動への参加として同行援護サービスを利用することで対応可能であることを伝えると、本人はぜひ利用してみたいということで、両サービスを併給して支援をしていくことになりました。

また、本人は、視力が低下していることへの不安や、それが生活に影響して困っていること、ヘルパーの障害への理解不足により誤解が生じていることから、視力障害支援の専門機関による客観的な評価を導入して視力障害の程度を知ることが必要ではないかと提案すると、本人の了解を得られたため、実施することになりました。

図３　事例におけるケアマネジャーと相談支援専門員の連携③

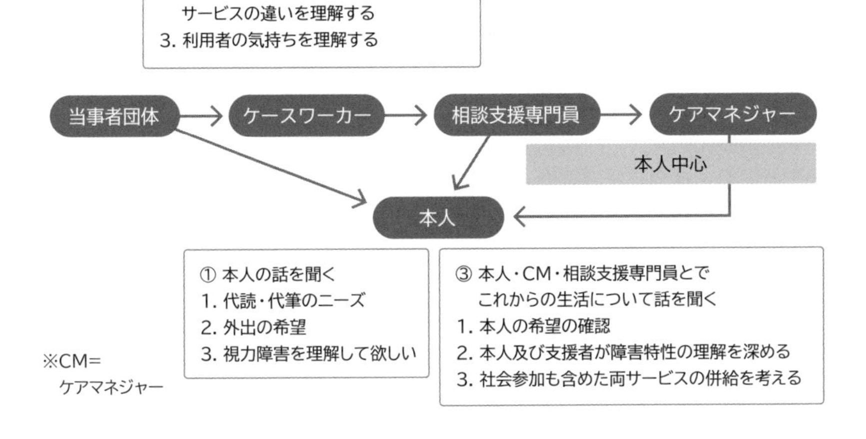

（7）担当者会議の開催

ケアマネジャー主催によるサービス担当者会議（本人、ケアマネジャー、事業所のサービス提供責任者、障害福祉相談員、相談支援専門員）が開かれました。本人の希望に対して介護保険サービスだけでは支援が難しいことから、両サービスを併用して支援を行っていくことを確認しました。

相談支援専門員からは、本人のニーズに対して障害福祉サービスで導入できる支援について、移動支援や通院介護、同行援護、家事援助（コミュニケーション支援）を紹介し、これらのサービスは介護保険サービスと似ているものの、異なる点もあることを伝え、障害者総合支援制度の特徴である「社会生活を営む」ためにとても重要なサービスであることを説明しました。

また、疾病特有の見え方の特性や視力障害の程度、見えにくさ、朝や夕方などの時間帯による差異などについての専門機関による客観的な評価内容のほか、本人からも見えないことによる生活のしづらさなどを話してもらい、支援者が障害特性の理解を深めていきました。

図４　事例におけるケアマネジャーと相談支援専門員の連携④

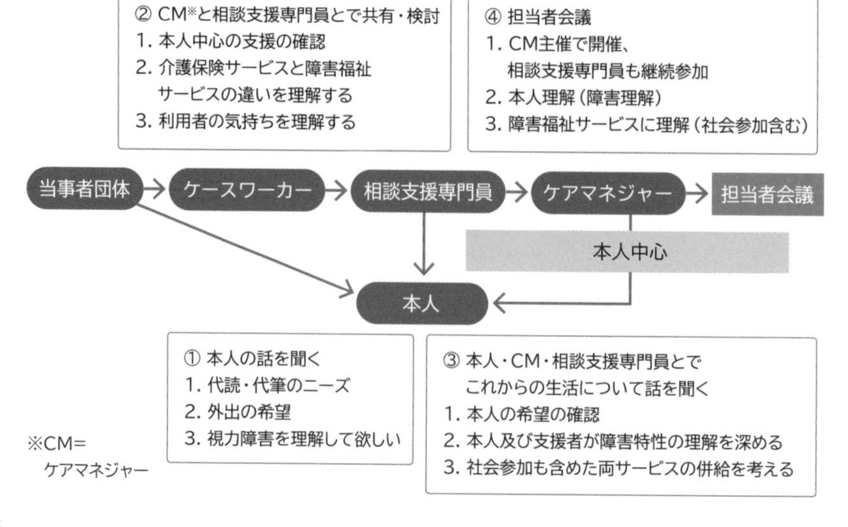

5　ケアマネジャーが相談支援専門員からの引き継ぎを受ける際のポイント

（1）本人中心の支援

ケアマネジャーと相談支援専門員が連携するにあたっては、まず、制度の違いを理解しなくてはなりません。高齢障害者のニーズが介護保険サービスの対象にならないこともあるため、ケアマネジャーは制度の狭間で対応に悩むことがあります。障害福祉サービスでは介護保険サービスにはない「社会生活を営む」ための独自のサービスがありますので、その場合は併給も考えておくことが大切です。

生活上の困難な状況を解決するために障害福祉サービスや介護保険サービスを利用しますが、本人は日常生活がうまくいっていないだけでなく、社会との接点が失われている場合があります。利用者は福祉サービスの中だけで生活しているのではなく、地域とのつながりの中で社会生活が営まれていることを理解し、地域資源の活用や人との関係性など、人と環境の接合部分も含めて、これからどのような生活を送りたいかを考えていくことが大事になります。「本人がこれからどのような生活を送りたいのか」という視点に立って、本人の希望を中心に置きながら、安心した日常生活及び社会生活が送れるよう本人も含めて一緒に考えていきましょう。サービスのみに重きを置いてしまうと、介護保険サービスへ移行することで障害者の生活に支障が来すことがありますので注意が必要です。

（2）サービスの内容だけではなく、利用者の人柄を引き継ぐ

ケアマネジャーが相談支援専門員から引き継ぎを受けるにあたっては、利用者の同意のもと、障害福祉サービスの内容を示した「サービス等利用計画」や利用者の状況を整理した「アセスメントシート」を用いて説明が行われます。しかし、それだけでは利用者の人柄を理解するのは難しいので、利用しているサービスの種類だけではなく、障害による生活の困難さ（障害特性）

やコミュニケーション方法（意思決定・表明支援）の理解、生活の中で大切にしていることなど､利用者の人間性をケアマネジャーの心に浮かべながら、相談支援専門員から引き継ぎを受けるようにしましょう。特に、障害者支援においては利用者のストレングスに着目して支援を展開していますので、ストレングスを生かした支援方法についての説明を受ける必要があります。

4の事例は、疾病の影響から見え方に変動がある障害であることの理解が本人やヘルパーに不足していたために､「見えているのに見えないふりをしている、甘えている」といった相互不信に陥っていました。ケアマネジャーが間に入り、その都度関係性の調整を図ってきましたが、なかなかうまくいかないでいたところ、相談支援専門員も関わることで専門機関による評価を実施して障害の共通理解を図り、利用者から生活のしづらさ等の説明を通して支援者が共感し認識することができました。今後、高齢障害者への支援にあたっては、障害福祉サービスと介護保険サービスの併給も必要となりますので、お互いに制度や支援方法が違うことをまずは理解し、障害福祉サービスに関することは相談支援専門員からケアマネジャーに、介護保険サービスに関することはケアマネジャーから相談支援専門員へと、一緒に利用者支援をしていくチームとして制度の理解を深めていくとよいでしょう。

制度上の変更ではありますが、利用者からすれば障害福祉サービスから介護保険サービスへ移行（または併給）するにあたって、支援する人が変わることへの不安､自分自身のことを話すことへの躊躇､羞恥心を抱えています。また、ケアマネジャーが話をしっかり聞いてくれる（受け入れてくれる）人かどうか、困っていることを解決してくれるかどうか等、期待と不安を抱いていることを忘れないでください。

（3）コミュニケーションの重要性

ケアマネジャーと相談支援専門員は、障害者が介護保険サービスを利用することになって初めて出会うということが多いかと思います。障害福祉サービスから介護保険サービスへの移行はそれぞれの制度をまたぐことですから、本来なら移行プロセスの平準化が必要であり、このプロセスがあることで両者の引き継ぎもスムーズに行えるのかもしれません。しかし、具体的な移行プロセスは平準化されておらず、さらに介護保険への移行ケースは全体の障害者のわずかであることから、移行プロセスの平準化に向けた取組みが起こしにくいというのもあるかもしれません。そこで、制度の移行に伴う利用者の不利益が起こらないよう、ケアマネジャーと相談支援専門員の関係性を通して介護保険サービスへのスムーズな移行、もしくは併給利用を行うことが求められています。

両者はケアマネジメントを活用した相談支援の専門職ではありますが、資格取得までのプロセスや受けてきた教育（研修）の違いから、ニーズの捉え方から支援方法について差異が生じていることや、制度に応じて求められる相談支援の役割も異なることをお互いが認め、さらにお互いの分野のことを教えてもらうという姿勢が大切です。わからないことがあっても遠慮せず、その場で何でも質問できる関係性をつくって行きましょう。

（４）介護保険サービスと障害福祉サービスの理解を深める

介護保険サービスでは代読や代筆は支援の対象外ですが、４の事例では、本人からすれば、「生活に必要なことをなぜしてもらえないのか」と不信感をもっていました。また、代読等をしてもらえないことで当事者団体の情報等が得られないほか、会合などへの参加ができずに社会参加の機会が失われてしまうなど、本人からすればとても大きな問題となっていました。居宅介護は両制度に共通したサービスであってもサービスの内容が異なることがあるので、障害福祉サービスでの支援内容を具体的に説明することになります。例えば、障害福祉サービスの居宅介護である家事援助と介護保険サービスの居宅介護である訪問介護を見ると、共通点の多いサービスですが、完全に同じサービスが提供されるわけではありません。訪問介護が限定されたサービ

図5　介護保険サービスと障害福祉サービスの併用事例

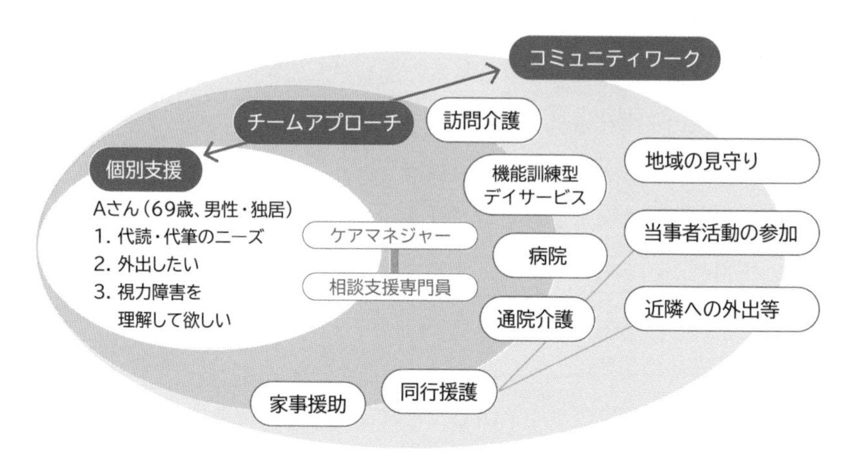

スであるのに対し、家事援助は生活全般にわたる見守りも含めた広範なものになっています。この見守り的な支援が障害者にとっては日常生活を送るうえでとても重要になるのですが、介護保険サービス提供事業所の変更といった手続き支援ばかりに目が行ってしまうことで見守り的な支援が抜け落ちてしまう恐れがあります。そのため、両制度のできること、できないことの給付に着目して介護保険サービスへ移行、もしくは障害福祉サービスの併給も視野に入れて考える必要があります。

（5）障害者の社会参加の意味

4の事例では、利用者が、当事者活動への参加や外出ができず、社会参加の機会を失われることでうつ状態になるなど生活に影響が生じていました。日頃から安心して話せる人や行きつけの店があることはとても健全なことです。日常生活の中で介護が必要になると社会生活にも影響しますが、そこまで目が行き届かず、生活上の支援を中心に考えられてしまいがちです。

また、障害福祉サービスが利用者にとって社会生活の一部となっている人もいます。例えば、障害福祉サービスでは就労継続支援Ｂ型事業（以下、「B

型事業」という）という福祉的就労としてのサービスがありますが、障害者の多くは障害年金のみで生活してきていますので、ここでの収入を必要とし、タバコなどの娯楽に当てるために利用している人や、B型事業の中で友人関係や趣味活動などを行うことが社会参加の場面となっている人もいます。ここで考えなくてはならないのは、何を目的としてB型事業を利用してきたかということです。介護保険サービスの対象年齢になり、身体機能の低下が進んでいることから身体機能の向上を目的としてデイサービスの利用を考えることは必要です。しかし、B型事業の利用がなくなってしまっては、利用者にとって生きがいを失ってしまうこともあるということを理解しておいてください。

障害者の自立と社会参加は、ノーマライゼーションの普及や障害者運動等を通して勝ち取ってきたという歴史があります。従来は身辺自立と職業的自活に重きが置かれてきましたが、自分の生活は自分で決めるということが自立であると自立の価値観が変わってきました(注)。例えば、「２時間かければ外出着に着替えられるが、疲れてしまって外出できないというよりも、福祉サービスを利用して着替えを早めにすませ、自分が行きたい場所に外出する」ことや、また「車いすで外出し、好きな買い物ができ、友人に会い、地域の一員としてさまざまな活動に参加するなど、自分の生活を楽しむ」という考え方です。

障害者の多くが障害福祉サービスを利用しながら社会生活を営んでいますが、社会生活の営み方は人それぞれだということを忘れないでください。障害者における社会参加への支援の意義については相談支援専門員からしっかり説明を受けられるとよいでしょう。

（注）障害者の社会参加は、1960年代のアメリカにおける障害のある学生の運動（自立生活運動）から始まり、「日常生活動作の自立」という考えから「生活の質の充実」を自立とした価値観へと変わってきました。

図６　福祉サービスと社会生活

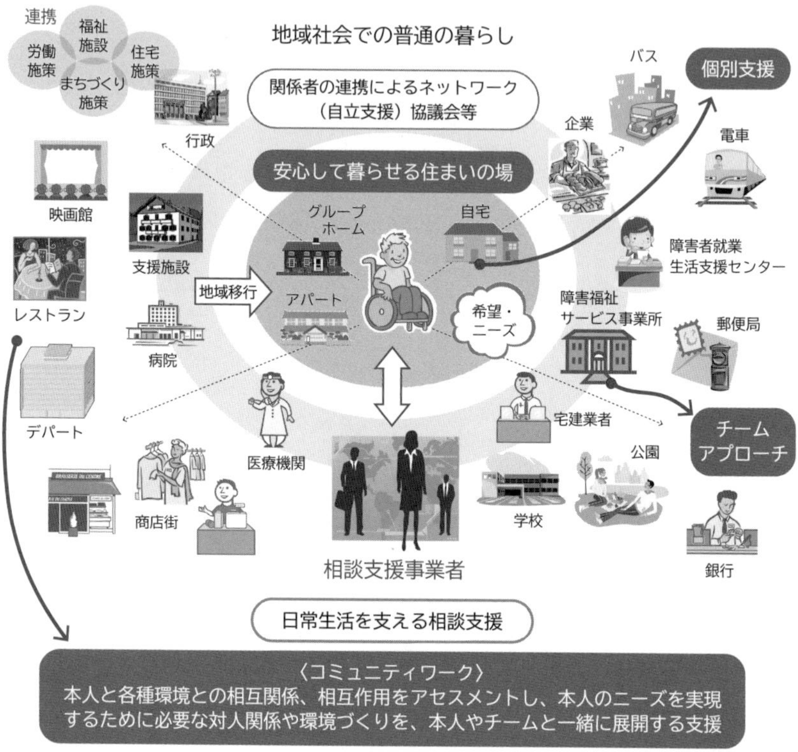

出典：厚生労働省資料　一部改変

（６）行政機関を交えた連携のポイント

高齢障害者の制度移行にあたっては、移行プロセスが平準化しているとよいのですが、今のところは平準化されていない市町村が多いと思いますので、障害福祉及び高齢福祉などの行政職員、ケアマネジャーや相談支援専門員を束ねる役割である地域包括支援センターや基幹相談支援センター職員、そしてケアマネジャーや相談支援専門員とで、制度移行にあたっての支援方法を一緒に協議して行くとよいでしょう。事例を通して制度の違いへの理解や移行プロセス、高齢障害者における支援方法や両サービスの併給などを考え、制度移行への対応や支援方法を積み重ねていくことが必要です。

また、今後、高齢障害者の支援は増えていくことから、スムーズに連携して支援が行えるよう、ケアマネジャーと相談支援専門員が定期的に顔を合わせる場面として、事例検討や制度の勉強会を行うなど関係性を深めておくことも大切です。

図７　多職種連携（チームで支援）で必要なこと

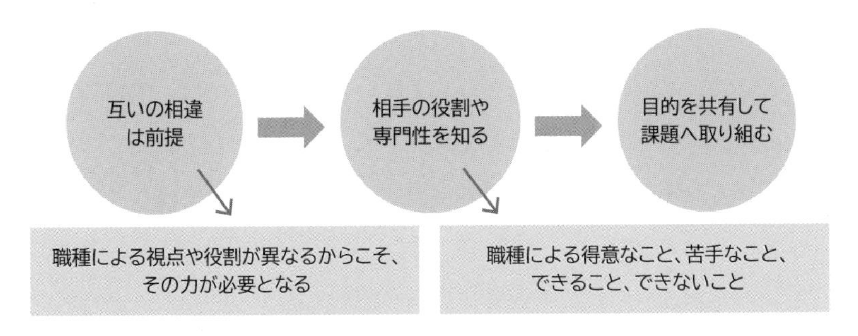

＊本事例については、ご本人の同意を得て掲載しています。また、内容は加工してあります。

－Ⅶ－ 新型コロナウイルス感染症による障害福祉サービスへの影響とその対応

１　新型コロナウイルス感染症による障害福祉サービスへの影響

2020年１月以降、全世界で感染拡大を見せている新型コロナウイルス感染症（以下、「COVID-19」という）は、障害福祉サービスの利用者、事業者いずれにおいても、多大な影響を与えています。ここでは、障害福祉サービス全般に関して、どのような影響が見られているのか、これまでの新聞等の報道やいくつかの障害福祉関連の全国団体のニュースレターなどの内容をもとに見ていきたいと思います。COVID-19の影響に関しては、感染拡大の問題と障害福祉サービス事業所の事業の継続に関する問題の大きく２つに分けることができます。

（１）感染拡大の問題

全国各地で、COVID-19感染拡大の初期の段階から障害福祉施設における感染クラスターの発生が起こり、そのことに加えて、そのような施設に対しての社会からの偏見、差別、非難などが起きました。この時期の大きな問題としては、職員や利用者に体調不良や濃厚接触の疑いのある場合、速やかにPCR検査を受け、クラスターを防ぐ対策が必要ですが、PCR検査体制の限界と不備もあり、感染拡大の初期には、施設内での感染クラスターの発生がかなり起きてしまいました。特に、入所型の障害者支援施設、グループホームといった居住施設では、感染者が出た場合、業務上、相当数の濃厚接触者が生じることもあり、職員体制にも深刻な影響が出ていました。このような場合は、感染者が速やかに入院、あるいは、治療や支援を受けながら過ごせる場の確保が必要になります。ただし、障害のある人の場合、住み慣れた環境が大きく変わるような入院や隔離は、かえって情緒面に問題が生じることがあります。そのため、住み慣れた施設やグループホームの中で静養するのか、クラスター発生防止のために入院・隔離をするのか、総合的に判断する必要があります。

さらに、感染者が発生した施設では、医療機関同様に、衛生用品や感染防護用品が必要です。これらの用品は、医療機関と異なり、障害福祉サービス事業所では、日ごろの備えがあまり多くないこともあり、感染拡大初期には、相当不足した状況がありました。

通所を中心とした障害福祉サービス事業所の場合は、在宅生活をしている利用者や主たる介護者が感染した場合、通所ができなくなるだけでなく、自宅での暮らしの維持が困難になります。特に、障害のある人と主たる介護者との自主隔離を家庭内で十分に行うことはかなり困難であり、障害のある人を一時的に支援する場（ショートステイなど）が必要になります。また、移動支援に関わっている障害福祉サービス事業所では、外出自粛によってキャンセルが増大し、その事業の継続に対して深刻な事態が生じました。同様に、ホームヘルプサービスに関わっている居宅介護事業所においてもキャンセルや訪問時間の短縮などにより、かなりの減収になった事業所も少なからずありました。

このような直接的な問題に加えて、COVID-19 の感染が生じた障害福祉サービス事業所の利用者や職員に対する社会からの差別や偏見、SNS における中傷などがしばしば起きています。社会の理解や啓発、障害の特性によって生じる課題（例えば、感覚過敏によりマスク装着ができない障害など）への理解といったことも必要です。

（2）障害福祉サービス事業所の事業の継続に関する問題

COVID-19 感染拡大により、各種の専門研修の中止・延期が起きました。

特に、都道府県を中心に開催されるサービス管理責任者研修、強度行動障害支援者養成研修、相談支援従事者養成研修の中止や延期は、これらの研修によって専門人材の配置による加算を受けている障害福祉サービス事業所にとって加算が取れなくなるだけでなく、場合によっては、指定条件を満たさないことから事業指定の取消しも生じます。

また、就労支援に関わる事業所では、一般企業からの受注の減少もあり、生産活動収入が大きく減少し、利用者の工賃の著しい低下も見られました。事業所で製造した物品や食品の販売も、感染拡大により、大きく減少したところが多くの事業所で見られました。障害者雇用においても、企業の業績の悪化により、解雇などによる離職もかなり起きました。このような離職者に対しては就労継続支援事業所が受け皿として重要になりますが、前述のとおり、仕事の減少により利用者を多く受け入れても、作業や活動があまりないため受け入れることが難しい状況もあり、悪循環になっています。

他方、就労移行支援事業所では、感染拡大による企業の業績の悪化により、就職支援に関しても障害者雇用の現状は非常に厳しい状況があります。このようなことから、就労支援に関わる事業所では、COVID-19の影響は甚大なものがあります。

放課後等デイサービスのような障害のある生徒（主には、特別支援学校や特別支援学級の在籍生徒）の放課後の活動支援を行う通所の事業所では、学校の休校の時には、放課後デイサービスの開所時間を延長、家庭から行き場のない利用者の増加に伴って、職員の勤務体制に過重の負担が生じました。休校が解除されても、授業時間の短縮、分散登校といったことによって、この事業を担う事業所の職員の負担は、COVID-19の感染を避けるための環境配慮や利用者の健康に配慮しながら、本来の業務である療育支援を行うため、非常に大きなものがありました。

２　新型コロナウイルス感染症と障害福祉サービスにおける対応

ここでは、COVID-19の感染拡大によって生じたさまざまな問題に対して、2020年６月に成立した補正予算のうち障害福祉関係の内容について触れます。

障害福祉関係の主な支援策は、①新型コロナウイルス感染症緊急包括支援交付金、②効果的な感染防止等の取組支援事業、③特別支援学校等の臨時休校に伴う放課後等デイサービスの代替的支援事業、④就労系障害福祉サービス等の機能強化事業、⑤新型コロナウイルス感染拡大に伴う訪問入浴サービス等体制強化事業、⑥医療的ケア児者の人工呼吸器に必要となる衛生用品等の優先配布事業の６点を挙げることができます。

（１）新型コロナウイルス感染症緊急包括支援交付金

都道府県に対しては、消毒液、マスク等の必要な物資の備蓄の支援、感染拡大の緊急時の応援と調整機能の確保、感染症対策窓口の設置の支援があります。

障害福祉サービス事業所に対しては、相談支援事業所や障害福祉サービス事業所の職員が、サービス利用を控えている人の現状把握や支援のためのアセスメントやニーズ調査の実施への支援があります。障害福祉サービス事業所の感染症対策のための物品購入、外部専門家による研修、感染発生時の対応のための事業所内における多機能型簡易居室の設置に必要な費用の助成があります。

そのほか、この交付金には、COVID-19が発生した事業所または濃厚接触者に対応した事業所に勤務する職員に対しての慰労金の支給（20万円）、その他の事業所に勤務し利用者との接触を伴う業務に関わる職員への慰労金（５万円）の支給があります。

（2）効果的な感染防止等の取組支援事業

この事業では、障害福祉サービス事業所に対して、感染症対策に関するマニュアル作成、研修・実地指導の実施、事業継続計画（BCP）の作成と作成の指導者養成研修の実施があります。さらに、職員・利用者のメンタルヘルスの改善に関する取組みのサポートガイドの作成、事業所で対応できないケースの相談支援の窓口の設置などが、主な事業として挙げられています。

（3）特別支援学校等の臨時休校に伴う放課後等デイサービスの代替的支援事業

この事業では、COVID-19の感染拡大により放課後等デイサービスに通所できない利用者に対して、事業所の職員が電話や訪問により児童の健康管理、相談支援などの通所に代わる代替支援を行った場合、利用者負担を免除する取組みです。

（4）就労系障害福祉サービス等の機能強化事業

この事業には、①生産活動活性化支援事業、②障害者就業・生活支援センター事業機能強化事業、③共同受注窓口を通じた全国的受注支援体制構築事業の３つの事業からなっています。以下、この３つの事業について説明します。

①生産活動活性化支援事業

これはCOVID-19の感染拡大により、就労継続支援事業所の生産活動の休止に追い込まれた事業所の生産活動の再開に向けて必要となる費用を支援し、引き続き障害者の働く場と賃金・工賃を確保するための支援事業です。

②障害者就業・生活支援センター事業機能強化事業

活動の自粛、休業などで在宅での生活が長期化した障害者に対して職場復帰に向けて橋渡しをしていく支援と離職した障害者の再就職への生活支援を担っている障害者就業・生活支援センターの支援体制を強化する事業です。

③共同受注窓口を通じた全国的受注支援体制構築事業

就労継続支援事業所の全国的な受注の促進のため、実績のある法人の全国の共同発注窓口の取り組み事例の収集と整理を行います。その知見を用いて、各地の共同受注窓口を通じた全国的な受注・発注の促進支援を行う事業です。

（5）新型コロナウイルス感染拡大に伴う訪問入浴サービス等体制強化事業

この事業は、COVID-19の感染拡大による外出自粛や外出先の休業などによって、通所先での入浴機会が減少した障害者に対して、居宅での入浴機会の確保のため、訪問入浴サービスに必要なサービス提供体制を強化する事業です。

（6）医療的ケア児者の人工呼吸器に必要となる衛生用品等の優先配布事業

この事業は、人工呼吸器などを利用する在宅の医療的ケア児（者）のために、国において、消毒・衛生に関する物品を一括して買い上げ、医療的ケア児（者）が優先的に確保できるような体制を構築し、必要な衛生用品を配送する事業です。

以上、国の施策を中心に触れてきました。しかし、こうした国の施策による対応も重要ですが、COVID-19の感染拡大で生じている事態の大きさから見て、予算的にもかなり限界のあることも確かです。そのため、民間団体でもさまざまな工夫をしており、きょうされん「『売上減の作業所応援』プロジェクト」(注)では、Facebook® をはじめとするSNSで、困っている作業所と商品の情報に加えて、応援してもらったことへの利用者・職員の喜びの声を発信しています。このように、公的な支援と民間団体や市民を含んだ互助的な支援の２つの取組みの連携がこの大きな困難に取り組むうえで重要です。

2021年度からは、障害福祉事業所における感染症や災害への強化の取組みに関して、国は感染症の発生やまん延に対する取組みの義務化、感染症が発生したときでも業務継続に向けた計画の策定、研修・訓練の実施の義務化を推進します。

これに加えて、感染症の状況に対応した柔軟な取組みとして、報酬算定上必要な会議に関してICT等の活用、就労定着支援事業における対面での支援の対面要件の緩和、就労移行支援・就労継続支援事業の在宅でのサービス利用の促進のための利用要件の緩和などを進めていきます。

（注）SSKS　月刊きょうされん　TOMO　2020年6月号に詳細が記載されている。

Q＆A 編

Q.1　障害福祉の相談支援事業所から、「もうすぐ65歳になる人が介護保険のサービスを利用する予定なので、ケアプランを作成してほしい」と依頼されたけど、どうすればいい？

A　質問のようなケースはこれから増えてくるかもしれません。

まずは、相談支援事業所の相談員に、本人の同意（自分の情報を他の事業所に伝えることの同意）をとっているかを確認したうえで、相談支援事業所の相談支援専門員から、これまでの生活状況や心身状況などを聞いておくとよいでしょう。そのうえで、相談支援専門員に同行して、本人へのインテークから入り、要介護認定の申請意思や介護保険サービスの利用希望などを聞くことも必要となります。

また､市町村の障害福祉及び介護保険の担当課の情報収集も必要でしょう。状況や本人の意思によっては、65歳到達後も両方のサービスが必要となるかもしれませんが、市町村によってはほぼ機械的に65歳到達と同時に介護保険サービスのみの利用しかできないとしている場合も想定されます。

また、費用負担については、本人及び相談支援専門員から、過去5年間程度の障害福祉サービスの利用状況の情報を得たうえで、間違いがないように説明をしていく必要があります。基本的には、介護保険サービスを利用する場合に、費用の1割を利用者が負担するわけですが、

・65歳に達する前の5年間、居宅介護・重度訪問介護・生活介護・短期入所のいずれかの支給決定を受けており、介護保険でも、訪問介護・通所介護・短期入所生活介護・地域密着型通所介護・小規模多機能型居宅介護のいずれかのサービスを利用

・利用者の方とその配偶者が市町村民税非課税者または生活保護受給者等

に該当

・障害支援区分が区分2以上で、65歳になるまで介護保険法による保険給付を受けていない

以上のすべての要件を満たす場合には、1割分を負担する必要はなく、障害福祉制度により給付されます。

費用負担を心配して、介護保険の申請をためらうといったケースも考えられますので、正しい理解のもとに、利用者や家族に接していくことが求められます。

図　65歳到達前後の連携のイメージ

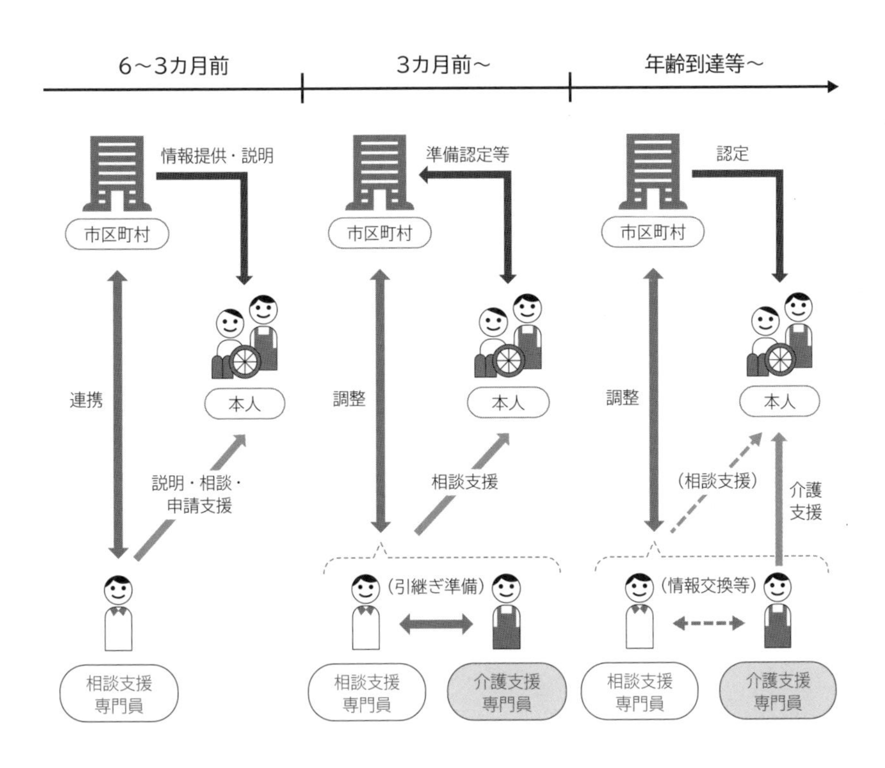

出典：『「兵庫県高齢障害者ケアマネジメント充実強化事業」報告書』、一般社団法人兵庫県相談支援ネットワーク、2016年をもとに著者作成

Q.2　生活保護世帯の母親が要介護状態になったため、訪問したところ、同じく要介護状態に該当すると思われる息子さんがいました。息子さんは子どものときから障害があって、これまでは母親が介助をしてきたそうだけど、どのような手続きが考えられる？

A　8050問題――これは最初は一定年齢以上の引きこもりの世帯が抱える問題として言われ始めたものですが、近年では障害の分野でも多く用いられているものです。高齢の障害のある方を、さらに高齢の親が支えているケースは少なくありません。

質問のケースですが、複数の制度を整理して考えていく必要があります。

まず、母親についてですが、母親は介護保険制度の要介護認定の申請の意思を確認したうえで、速やかに認定の申請を行い、介護保険サービスの利用につなげていく必要があります。

次に、息子さんについても、65歳以上であれば、同じく介護保険の利用にかかる援助を行うことが必要です。生活保護世帯であれば、サービス利用にかかる費用負担は介護扶助として給付されることとなります。

息子さんが65歳未満の場合には少し整理が必要です。生活保護世帯であって、息子さんが健康保険に加入していない（被用者等ではない）場合には、息子さんは介護保険の第2号被保険者には該当しません。というのも、被用者でなければ基本的に国民健康保険（75歳以上は後期高齢者医療保険）に加入するのですが、生活保護世帯である場合には、国民健康保険にも後期高齢者医療保険にも加入できない（医療保険未加入者）こととなります。この場合には、速やかに市町村に対して、障害福祉サービスの利用が可能かについて相談をすることが必要です。障害福祉サービスの利用が困難（障害支援区分に該当しない等）の場合には、生活保護担当課と連携して、特定疾病の有無を含め介護扶助を受けられるかについて検討していくことが必要です。

なお、65歳未満の方が65歳に到達すれば、要介護状態の原因疾患等や生活保護の受給の有無を問わず、介護保険の第1号被保険者となりますので、65歳到達後は介護保険サービスを利用することが可能となります。

解説編でも述べたとおり、複数の制度に該当する可能性がある場合でも、類似性の高いサービスの場合には制度の適用に優先順位があります。

ただし、「介護保険優先」という言葉を必要以上に大きく捉えてしまうと、65歳到達とともに他のサービスはすべて使えなくなるといった誤解にもつながりかねません。「類似性の高い」サービスの場合のみ、介護保険からのサービス利用が優先する（類似性が高くなければ他のサービスとの併用は可能）という理解をしておく必要があります。

図　介護保険・障害福祉・生活保護の適用関係

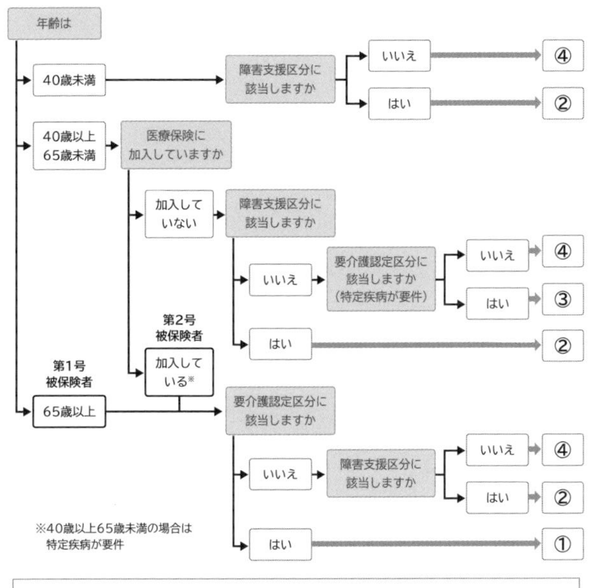

介護保険法・障害者総合支援法・生活保護法のサービス利用の可否
①介護保険法に規定する訪問介護の利用が優先します。
（生活保護の被保護者の場合には自己負担分が介護扶助で給付されます。）
②障害者総合支援法に規定する居宅介護を利用します。
③生活保護法に規定する訪問介護を利用します。
（全額が介護扶助として現物給付されます。）
④利用することはできません。

P.12 図1再掲

Q.1　介護保険サービスに加え、新たに障害福祉サービスを利用したいときにはどうすれば？

A　介護保険制度と障害者福祉制度の自立支援給付との関係では、原則として介護保険制度が優先されます。現在、すでに介護保険を利用している人の場合で、新たに障害福祉サービスの利用を考えるのは、以下の２つのパターンです。

①　介護保険サービスの区分支給限度額の制約から、当該の障害者に必要と認められる量が介護保険のケアプランでは確保できない場合（「上乗せ」サービス）

②　サービス内容や機能から、介護保険サービスには相当するものがなく障害福祉サービス固有のサービスと認められるもの（行動援護、同行援護、自立訓練（生活訓練）、就労移行支援、就労継続支援等）を利用する場合（「横出し」サービス）。

障害福祉サービスを利用するには、支給決定プロセス（P.30）をご参照ください。ここでは、特に押さえておきたいポイントを説明します。

①　障害者総合支援法の対象者であること、すなわち、身体障害者（身体障害者手帳所持者）、知的障害者、精神障害者、障害者総合支援法の対象となっている難病のある人のいずれかに該当する必要があります。身体障害者以外は障害者手帳の所持は必須条件ではありません。精神障害や難病では、医師の診断書や精神通院医療にかかる自立支援医療受給者証、特定医療費（指定難病）受給者証等でも、対象者として該当するか確認できます。

②　利用申請は、居住地の市町村（居住地を有しないまたは不明の場合は、現在地の市町村）に行います。支給決定を行う市町村が自立支援給付の実施主体となり、費用の支弁を行います。

なお、自立支援医療のうち精神通院医療については、居住地または現在地の都道府県が支給認定を行いますが、利用申請先は居住地または現在地の市町村になります。

③　障害福祉サービスを初めて利用する場合には、障害者手帳の等級や介護保険の要介護認定とは別に、障害支援区分の認定手続きが必要となります。

介護保険に加えて障害福祉サービスを利用するにあたり、担当のケアマネジャーには、市町村の介護保険担当課だけでなく市町村の障害福祉担当課や指定特定相談支援事業者との連携が求められます。市町村の障害福祉担当課は、介護保険の被保険者（受給者）である障害者から障害福祉サービスの利用にかかる支給申請があった場合は、介護保険担当課や本人の居宅介護支援を行う居宅介護支援事業者等とも必要に応じて連携したうえで、把握することになっています。制度が異なるサービスを利用しますので、利用者や家族が混乱しないよう、個別ケア会議やサービス担当者会議等を活用して、相談支援専門員とケアマネジャーが随時情報共有を図ることも大切です。

※これまで障害福祉サービスのみ利用しており、新たに65歳以上（特定疾病の場合は40歳以上）となって介護保険制度が優先される以下のような人についても、引き続き障害福祉サービスを利用できます。

- 市町村が指定する小規模多機能型居宅介護などの地域密着型サービスも含めて、介護保険サービスの事業所・施設が身近にない、あっても利用定員に空きがない場合、その事情が解消するまでの間。
- 介護保険の要介護認定等を受けた結果、非該当と判定された場合など当該介護保険サービスを利用できない場合であって、障害福祉サービスによる支援が必要と市町村が認めるとき。

65歳以上になって訓練等給付を受けることはできる？

A　訓練等給付のうち自立訓練（生活訓練）、就労移行支援、就労定着支援、就労継続支援、共同生活援助、自立生活援助は介護保険にないサービスですので、市町村が支給決定をすれば利用可能です。ただし、以下のサービスについては65歳を過ぎて利用する場合には一定の条件があります。

（1）就労移行支援

就労移行支援は、一般企業等での就労を希望する障害者に対して、生産活動、職場体験、就労に必要な知識や能力の向上のための訓練、求職活動の支援、職場の開拓、就職後における職場定着支援を行います。65歳以上の障害者が利用する場合は、65歳に達する前5年間に引き続き障害福祉サービスの支給決定を受けており、65歳に達する前日に就労移行支援の支給決定を受けていたことが必要となります。そのうえで、通常の事業所に雇用されることが可能と見込まれる人が対象となります。

（2）就労継続支援A型

就労継続支援A型は、企業等に就労することが困難だが継続的に就労可能な障害者が、雇用契約を結んで、生産活動や就労に必要な知識・能力の向上のために必要な訓練等の支援を行います。65歳以上の障害者が利用する場合は、65歳に達する前5年間に引き続き障害福祉サービスの支給決定を受けており、65歳に達する前日に就労継続支援A型の支給決定を受けていたことが必要となります。具体的には、以下のような例が挙げられます。

- 就労移行支援事業を利用したが企業等の雇用に結び付かなかった人
- 企業等を離職した人（就労経験があって現に雇用関係がない）

（3）共同生活援助（グループホーム）

共同生活援助（グループホーム）は、主として夜間に、共同生活住居において相談、入浴、排せつまたは食事の介護、その他の日常生活上の援助を行います。65 歳に達した以降に身体障害者となった人については、新規利用の対象外です。

Q.1 共生型サービスの特徴についてケアマネジャーが知っておくべきことは？

A　共生型サービスは、まだ始まってあまり時間の経っていない取組みなので、具体的なイメージがわきにくいと思います。現在、2つの想定している場合があります。一つは、介護サービス事業所が共生型サービス（この場合は共生型障害福祉サービス）の指定を受ける場合です。もう一つは、障害福祉サービス事業所が共生型サービス（この場合は共生型介護サービス）の指定を受ける場合です（図）。

介護サービス事業所が共生型障害福祉サービスの指定を受ける場合では、過疎地域の市町村で近くに障害福祉サービスの事業所がないときには遠距離の事業所に通う必要があり、移動・送迎の負担の大きな問題がありました。このことに対して、近隣の介護保険事業所が共生型介護サービスの事業所になれば、身近な地域でのサービスを受けることができる点での利点が生じます。

障害福祉サービス事業所が共生型介護サービスの指定を受ける場合では、65歳を契機に、これまで通い慣れていた事業所から介護保険サービスの事業所に移行することが生じる問題がありました。このことに対して、これまで通い慣れていた障害福祉サービスの事業所に65歳以降も引き続き通うことができ、継続性をもちながら日常生活を送ることができる利点があります。

ただし、本書22ページに記されている課題もあるので、十分に配慮したうえで事例を検討する必要があります。

図　共生型サービス

介護保険サービスの指定を受けた事業所であれば、基本的に障害福祉（共生型）の指定を受けられるよう、障害福祉の居宅介護、生活介護、短期入所等の指定を受ける場合の基準の特例を設ける。

●介護サービス事業所が共生型障害福祉サービスの指定を受ける場合（障害報酬）

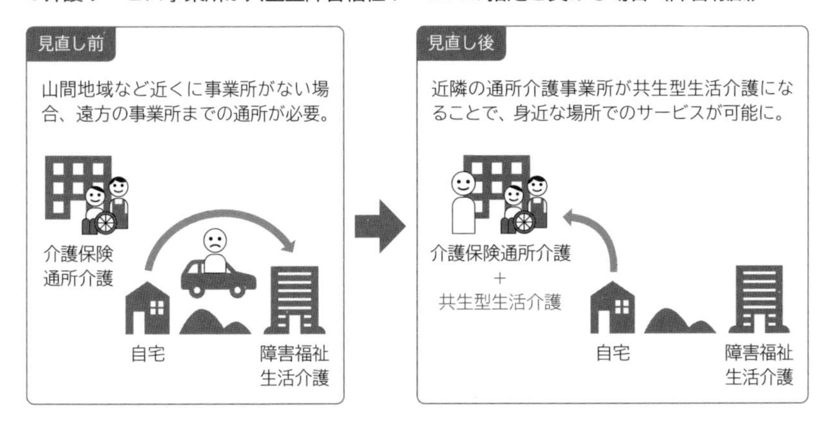

●障害福祉サービス事業所が共生型介護サービスの指定を受ける場合（介護報酬）

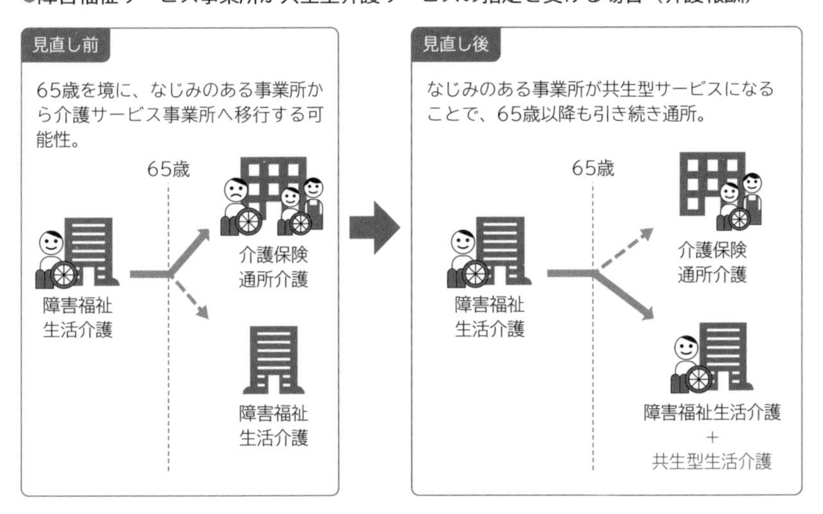

出典：厚生労働省資料

Q.1 障害特性を理解する利点と方法は？

A

(1) 障害特性とは

解説編Ⅳでも述べたように、そもそも障害とは、個人と環境の双方に現れるものと考えられます。ここで考える障害特性とは、個人の視点に基づき、医学的観点で把握されるものに限定して考えています。

○障害特性を理解する利点

同じ視覚障害の人であっても、一人ひとり見え方が異なるように、同じ障害名であっても一人ひとり障害の特性は異なるものです。そのため、本人の障害特性を理解することは、本人について理解することにつながります。また他者が本人にどのように関わるかの手立てを考えやすくなると言えます。

(2) 障害特性を理解する方法と視点

本人の障害特性を理解する方法としては、本人に聞くことが最も確実です。視覚障害の人であれば、どのような見え方なのか、どのような状況のときに困難が生じるのか聞くことで、現在の状況は把握できます。ただし、今後の予測は現在の情報だけでは困難です。進行性の障害でなかったとしても、今後の予測を本人と確認することは重要です。

一方、自ら自分の障害について説明するのが困難なタイプの人もいます。1つ目のタイプに知的障害や精神障害の人が挙げられます。2つ目のタイプに自らの障害を他者に隠そうとする人の存在が挙げられます。どちらのタイプの人に対しても、さまざまな情報を収集し、どのようなことに困難が生じているのかを他者が推測していくことになります。例えば、知的障害の人の場合、軽度の人であれば、自らの障害について話すことができる可能性がありますが、最重度、重度の人など、言葉で説明することが困難な人もいます。そのため、アセスメントが重要になります。

(3) アセスメントとは

アセスメントとは、①情報を収集し、整理する、②情報を解釈する、③解釈した情報を組み立て、メカニズムを構築する、④支援課題を抽出するといった作業を指します。自らの状況を説明することが困難な人については、どのような点に困難が生じているのか等の情報を収集し、整理するだけでなく、支援者が情報を解釈することが求められます。例えば、重度の知的障害者の人と外食に行き、「うどん」と「そば」を選んでもらうことにしました。「うどん」を食べたいのか聞いたときにうなずいたため、「うどん」を注文してみましたが、一口も口にしませんでした。皆さんはその理由をどのように解釈しますか？　急に「うどん」が食べたくなくなったのかもしれません。しかし、知的障害者の場合、「うどん」という言葉からその物をイメージすることが難しかったという推測もできます。この場合、言葉ではなく、写真や現物で情報を提供する等、さまざまな工夫をすることで、本人の障害特性の理解に近づくことができます。

Q.2 知的障害者の障害特性を理解する指標等はある？

A　知的障害者の障害特性を理解する指標としては、先に紹介されているようにICD-10によるものがあります。また、具体的な特性については、155ページの表の項目が参考になります。

この項目では、大きく障害特性を４つの視点で分類しています。

まず１つ目は、「社会性の特性」で、これは人や集団との関係に難しさがある場合や、状況の理解が難しい場合に該当する項目です。

次の「コミュニケーションの特性」は、他者の伝えたいことを理解することが難しい場合、自身の伝えたいことを発信することが難しい場合に該当します。

そして、「想像力の特性」は、変化への対応が困難な場合が該当します。また、変化への対応が困難な結果として、ある特定のものへの関心の偏りや常同・反復的な行動が見られる場合があります。

最後の感覚の特性は、感覚が敏感もしくは鈍感といった場合に該当するものです。

また、それぞれの特性を理解しやすくするため、現れている行動の例が示されていますが、これらについてはほんの一部になります。

障害特性は一人ひとり異なります。そのため、どのようなことが本人は難しく、また配慮が必要なのか、アセスメントすることが重要になります。その際に先述した４つの視点と表の最後の得意なこと・強み等を整理することで、本人へのアセスメントがより効果的に行えると考えられます。

表　知的障害者に想定される障害特性

診断の基準に関係する項目		現れている行動の例の一部
社会性の特性	人や集団との関係に難しさがある	人との関わりが一方的である
		相手の気持ちに関係なく行動する
	状況の理解が難しい	年齢相応の常識（社会的なルール）が身についていない
		その場にふさわしい（安全・迷惑等に配慮した）行動がとれない
コミュニケーションの特性	理解が難しい	言語で指示をしてもすぐに行動ができない／指示されたことと違うことをする
		決まりきった場面での言葉はわかるが状況が変わるとわからないことがある
	発信が難しい	行動（かんしゃく・パニック・身体表現・クレーンなど）で気持ちを伝える
		コマーシャルやアニメの台詞は言えても伝える手段で言葉を使えない
	やり取りが難しい	視線が合わない／アイコンタクトが取れない
		やりとりができない／かみあわない
想像力の特性	変化への対応困難	自分のルールを変えられることに抵抗がある／必要があっても変更できない
		日課が変わる、担当者が変わる、場所が変わるなどの変更に弱い
	物の一部に対する強い興味	標識、ロゴ、数字、テレビCM、電車、DVDの繰り返しの再生などの一部分に執着する
		必要があっても、自分の興味のないものに関心を示すことができない
	常同・反復的な行動	同じ場所に置きたい、同じ角度にしたいなどのこだわりがある
		同じ行動や活動、同じ言葉を何度も繰り返す／長時間続ける
感覚の特性	感覚が敏感・鈍感	聴覚/耳を塞ぐ、特定の音を嫌がる、怖がる、特定の音を大音量にしたがるなど
		視覚/眩しがる、目を閉じる、帽子やフードを目深にかぶる、キラキラに没頭するなど
☆得意なこと・強み・できること・好きなことなど		

出典：強度行動障害支援者養成研修（基礎研修）資料より筆者作成
https://www.nozomi.go.jp/training/pdf/supporter/R1_ss/03-03.xlsx

知的障害

知的障害の利用者が、認知症の診断を受けました。これまでの支援と何を変えたらいいの？

A　知的障害者が認知症になった場合、認知機能に障害があることに変わりはないため、これまで行っていた支援と変える必要はないのではないか、という主旨の質問をよく受けます。これについては、これまでの支援とは違う視点の支援を展開していく必要があると言えます。

認知症の特性として、短期記憶、長期記憶の障害が挙げられます。認知症罹患初期の頃は短期記憶が、進行すると長期記憶も損傷され始め、最終的には失われていきます。また特徴として新しい記憶から損傷され、最終的には幼少期記憶がわずかに残るのみまで進行します。つまり記憶が後退していきます。したがって、これまで獲得してきた知識や技術を徐々に失うことになり、それに伴い構築してきた社会関係なども喪失していくことにつながってもいきます。

知的障害者の支援は一般的に獲得の支援と表現できるでしょう。つまり、知識や社会的スキルを身に付けることを中心に据えた支援です。それにより、さまざまな知識やスキルを身に付けていきます。一方、認知症は先にも見たように、認知機能障害により一旦獲得した知識やスキルを記憶の減退により失っていくことになります。以上を踏まえることで、認知症罹患前と罹患後の支援が違ってくることの理解が促進すると考えます。

それぞれの知的障害者の元々の能力によってその量や質は異なるとはいえ、これまでの獲得の支援があったことにより、当事者はいろいろな知識や技術を身に付けていきます。また社会の中で生活を送っているため、その中で人間関係を構築していきます。そこには知識を新しく習得すること、何かできるようになること、新しい人との出会い、関係性の深まりなどに対する喜びがあることでしょう。

一方、認知症に罹患したことで、これまで獲得してきたことを徐々に喪失することになります。これまでわかっていたことがわからなくなったり、できたことができなくなったりする焦燥感、喪失感は誰にでもあるものです。このように知的障害と認知症とでは状態が異なるため、支援における大きな視点の転換が必要になってくるのです。

獲得の支援が必要な間は、新しいことにチャレンジして獲得を試みていきます。しかし、必ずしもすぐに獲得できるわけではなく、本人、また支援者においても試行錯誤が繰り返されることが考えられます。そこで、押したり引いたりといった支援者の創意工夫が凝らされるわけですが、このときの支援感覚のまま認知症罹患者へ対応すると不適切な支援につながりやすいことを強調しておきたいと思います。

知的障害で認知症に罹患した場合の支援はまだ確立しているとはいえません。そこで提案したいのが、高齢者領域で確立している認知症ケアを導入することです。知的障害の障害特性があるため、すべての方法や考え方が適応するとは限りません。しかし、記憶が後退していく認知症の特性は一般の人も知的障害者も同じです。そのように考えると、高齢者領域の認知症ケアも当然に認知症に罹患した知的障害者に有効性を発揮すると考えられます。

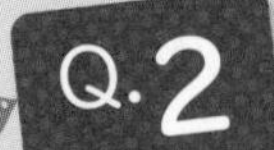

視覚障害

視覚障害のある人が、もともとの重度の視覚障害に加えて、加齢により聴力低下が進んだ場合、どのような支援策が考えられる？

視覚と聴覚の両方に障害のある人のことを「盲ろう者」といいます。

盲ろう者のコミュニケーション方法は、視聴覚障害の程度や盲ろうになった経緯によりさまざまです（表）。視覚からの情報を得ることが難しく、さらに中途で聴覚障害が生じた本ケースについては、聴覚を活用できるように補聴のための支援につなぐことが、本人の自立と社会参加のためにも極めて重要になります。

補聴の支援については、本人の聞こえに応じた補聴器の選択と調整が重要です（解説編Ⅳの２（2）聴覚障害を参照）。また、近年、補聴器での装用効

表　盲ろう者のコミュニケーション方法

使用する感覚		手話をもとに	指文字をもとに	点字をもとに	文字をもとに	音声をもとに
	触る	触手話	ローマ字式指文字 日本語式指文字	指点字 点字筆記	手書き文字	
	見る	弱視手話	日本語式指文字		文字筆記（筆談）	
	聴く					音声

著者作成

果が不十分な中途失聴の高齢の盲ろう者が、人工内耳の装用手術を受け、聴力を回復させるケースも増えています。手術費用は、健康保険が適用され、高額療養費制度や心身障害者医療費助成を申請できますが、術後、数カ月のリハビリテーションが必要になります。

補聴器や人工内耳によって聞こえが回復したとしても、完全に聞こえるようにはなりません。そのため、周囲の配慮も必要になります。難聴に加え、視覚障害があることで、口形を読み取る、周囲の状況から相手の発言内容を察するといったことが難しくなり、聞き間違いや勘違いが多くなることが考えられます。本人の表情や発言内容から、話した内容が伝わっているかどうかを確認し、必要に応じて、再度説明をし直す、疑問点を尋ねるといったことも必要になります。

補聴器や人工内耳の装用による補聴が難しく、聴覚の活用が困難な場合は、触覚を活用して、意思疎通を図ることになります。もともと重度の視覚障害がある場合、点字の触読が可能な場合があります。そのような場合は、点字器や点字タイプライターなどを使って打ち出した点字を本人が触読する方法（点字筆記）で意思を伝えることができます。意思疎通に適した点字タイプライターとして、速記用点字タイプライター（通称「ブリスタ」）があります（写真１）。ブリスタは、多くの自治体で日常生活用具等給付事業の対象となっています。また、ブリスタのキーを打つ要領で盲ろう者の６指（左右の人差し指・中指・薬指）にタッチする「指点字」という方法を用いている盲ろう者もいます（写真２）。

これらの触覚的なコミュニケーション方法にも対応する訪問サービスとして、「盲ろう者向け通訳・介助員派遣事業」が都道府県地域生活支援事業として実施されています。盲ろう者に移動介助とコミュニケーション支援を提供するサービスで、日常生活のさまざまな場面で活用でき、65 歳以降も利用可能です。一人当たりが利用できる時間数については、自治体によってまちまちですが、年 240 時間を利用上限としている自治体が比較的多い状況

写真１　ブリスタでの点字筆記

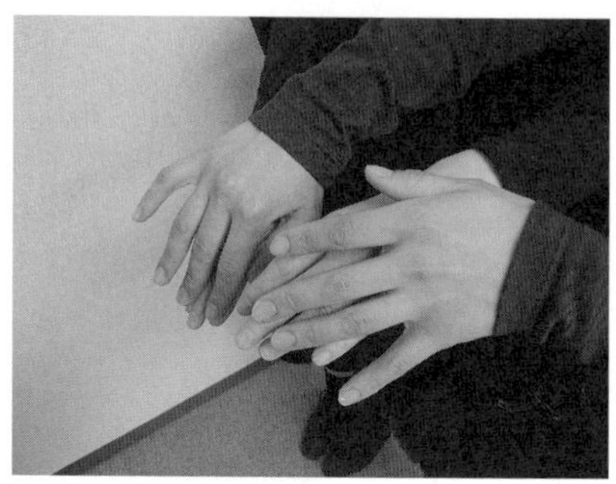

写真２　指点字

です。視覚障害と聴覚障害の両方が身体障害者手帳に記載してあることを利用登録の条件としている自治体がほとんどであるものの、利用が認められる障害等級は自治体によって異なります（例：「等級は問わない」、「総合等級２級以上」など）。具体的な支援内容については、次ページ以降の聴覚障害のＱ＆Ａにて詳述します。

【解説編】Ⅳ　障害の特性を知ろう　2 障害者の加齢による特性を理解しよう

Q.3　聴覚障害

聴覚障害のある人が、もともとの重度の聴覚障害に加えて、加齢による視力の低下が進んだ場合、どのような支援策が考えられる？

A　重度の聴覚障害がある人の場合、コミュニケーションにおいては、視覚を活用し、筆談や手話、口形を読み取るといった方法で、相手の意思を把握することになります。したがって、本ケースのように、視覚にも障害を生じた場合、それらの方法でのコミュニケーションに大きな困難が生じることになります。そこで、視覚が活用できる可能性があるならば、視覚障害に対応する補装具（眼鏡）や日常生活用具（拡大読書器）を活用するほか、「文字を拡大し、高コントラストにした文字をパソコンで読む」（文字筆記）、「話者との距離や角度など、見やすい位置で手話を読む」（弱視手話）といった方法で意思疎通を図ることになります。

それらの方法を用いても、視覚を活用することが困難な場合は、触覚を用い意思疎通を図ることになります。もともとの重度の聴覚障害がある場合、手話でのコミュニケーションが可能な場合が少なくありません。本人が手話に習熟している場合、話者から表出された手話を本人の手指で触って読み取る「触手話」（写真1）でのコミュニケーション

写真１　触手話

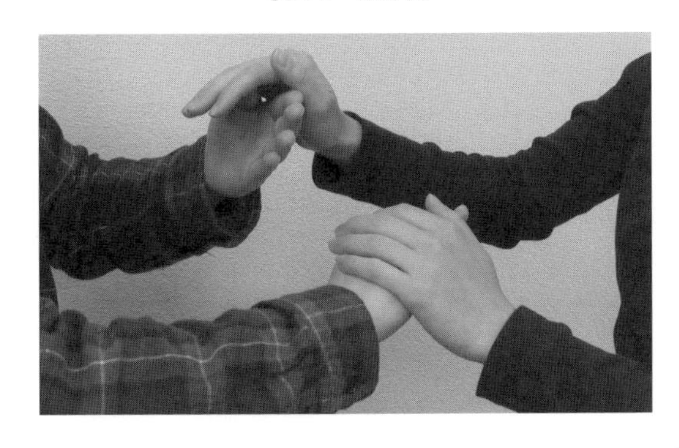

が可能な場合があります。手話に習熟していれば、特別な訓練なしに触手話の読み取りが可能な場合が多く、さらに触手話に慣れていくことで、周囲とのタイムラグなしに、情報を得ることも可能になります。

一方で、本人が手話に習熟していない場合、本人の手のひらに文字を書く「手書き文字」（写真２）を用いることになります。手書き文字は、手話を表出することが難しい家族や関係者から直接意思を伝えることができる一方、情報の伝達速度に制約があり、本人に十分な情報を伝えることが難しいという点があります。そのため、成育歴や教育歴などを把握し、手話の使用歴がある場合は、手話の習熟度についても評価し、触手話でのコミュニケーションの可能性を模索することが、相談の初期段階において、重要な支援になると考えられます。

写真２　手書き文字

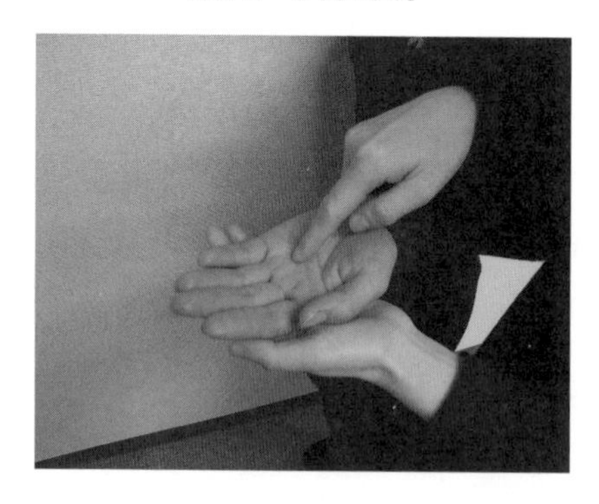

Ｑ２でも紹介した「盲ろう者向け通訳・介助員派遣事業」は、触手話や弱視手話、手書き文字等、盲ろう者が用いる方法に応じて、コミュニケーションを支援するとともに、移動の支援を提供します。例えば、触手話をコミュニケーション方法とする盲ろう者の通院の場面では、表のような支援の内容や流れになります。

このように、移動とコミュニケーションの支援を継ぎ目なく提供するのが「盲ろう者向け通訳・介助員派遣」の支援になります。

表　盲ろう者向け通訳・介助員派遣事業の活用例

①自宅から病院まで移動介助
②医師の話を触手話で通訳
③処方箋の内容を触手話で通訳
④薬局まで移動介助
⑤薬剤師の話を触手話で通訳
⑥自宅まで移動介助

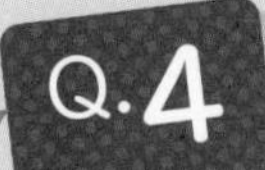

精神障害

統合失調症の診断で20歳代から40年近く精神科病院に入院している人が「退院したい」と言っています。身寄りはなく、単身でもあるため、今さら退院しても、社会で苦労が絶えないことを考えると、そのまま入院していたほうがよいのでは？と思うけど、退院の支援をする必要性があるの？

A 結論から示すと、本人がそのように望んでおり、また主治医がそれを認めているのであれば、退院に向けた支援がなされるべきであると考えます。その理由として、まず対人援助職、特に福祉職は支援対象者の自己決定を尊重し、その実現を側面から支援することが求められるためです。また、精神障害者に限らず、障害がある人の国の施策として可能な限り本人が望む地域で望む人と生活するという方針にあることも挙げられます。

この方針の基盤にあるのはノーマライゼーション思想です。これは、障害者も健常者と同様の権利があることを明言しその実現に向けた理念です。この思想は、1950年代にデンマークから発祥したものですが、具体的な内容としては以下の８つの原則を示しています。

1. ノーマルな一日のリズムを送る
2. ノーマルな一週間のリズムを送る
3. ノーマルな一年のリズムを送る
4. 個人のライフサイクルを通してのノーマルな発達的経験をする機会をもつ
5. 障害者の選択や願い、要望ができる限り考慮され尊重される

6. 男女が共に住む世界での生活を送る
7. ノーマルな経済水準を得る
8. 設備が、障害のない人を対象とする施設と同じレベルのものである

この内容は、当時障害者は本人の意思に関係なく施設に入所を強いられたこと、またその中での生活も人権が擁護されている状態とは程遠いものでした。そのような状況は世界各国で存在し、このノーマライゼーション思想が広がるにつれ、世界中で受け入れられていきました。そして1981年、国連の国際障害者年において掲げられたスローガン「完全参加と平等」はノーマライゼーション思想を反映したものでした。このような流れの中で、障害者施設や精神科病院に入所している人々が地域生活に移行していくことが世界の潮流となりました。

アメリカでは精神障害者の地域生活を進めるために、ケースマネジメントの手法が生み出されました。そしてこの手法は、イギリスにも波及し、1990年に制定された「国民保健サービス及びコミュニティケア法」の中にケースマネジメントが取り入れられました。このように障害者が施設や病院に長期に入所している場合、そこから退所して地域で生活を希望する人はそのようにすべきである、という考え方が世界的に一般化してきています。

日本は世界の潮流から少し遅れはしましたが、2004年8月に「精神保健医療福祉の改革ビジョン」を厚生労働省が打ち出しました。その中で、「入院医療中心から地域生活中心へ」改革を進めるため、①国民の理解の深化、②精神医療の改革、③地域生活支援の強化を今後10年間で進めると掲げ、また受け入れ条件が整えば精神科病院から退院が可能な人数を約7万人と算定し、まずはその人たちの退院を目指した取組みが継続して順次行われてきています。またこの間、地域での受け入れ体制も整備されてきていることから、地域移行の調整がしやすくなってきていると考えられます。

退所先として考えられるのは、自宅、単身生活用アパート、グループホー

ム等が考えられます。特に長期で入院されていた方については自宅でのご家族の受入れが困難である場合もあったり、また障害の影響、長く入院生活を継続してきたことから単身生活のためのスキルが十分でない場合なども想定できますので、そのような場合は、グループホームが非常に有効であると言えます。

誰もが希望すれば好きな地域で好きな人と好きな生活を送れる、つまり基本的人権が守られることが当たり前の社会構築のためには、まず地域生活を希望しているにもかかわらず、病院や施設に入所せざるを得ない状況にある人々の地域生活の実現の支援を行うことこそがそのような社会に繋がっていくことを、われわれ支援者は認識していなければならないと考えます。

【解説編】Ⅳ　障害の特性を知ろう　2 障害者の加齢による特性を理解しよう

Q.5 脳性麻痺等の肢体不自由

脳性麻痺等の肢体不自由の人の加齢への対応策は？

A

（1）脳性麻痺の人の加齢について

解説編Ⅳの２（5）で述べられているとおり、脳性麻痺の人は加齢に伴い、二次障害が表れると言われています。加齢に伴いと記述しましたが、脳性麻痺の二次障害の特徴の一つは30歳程度から現れることです。そのため、長期的な対応が必要になると言えます。

（2）二次障害への対応策

理学療法士である板野幸江氏は、脳性麻痺の人の二次障害は、加齢だけでなく、生活環境、労働環境、人間関係が影響していると指摘しています。そして、二次障害を防ぐと断言することは現実的ではないとしながらも、168ページの表の10の対応策によって、二次障害の出現を遅らせること、軽減させること、進行を遅らせることは可能であると述べています。これらの指摘を見ると、それぞれのライフステージごとにできることがあると気付かされます。すなわち、二次障害が出現する前からできることは沢山あり、そのことを当事者が知らない場合、正しい知識を伝えることも支援者として求められることと言えます。

表　二次障害への対応策

① 早期から医療機関と密接な連携をとり、専門家による適切なリハビリテーションを開始し継続する
② 乳幼児期に集団保育の場と運動学習の場を総合的に保障し、生活の中で生かす力を付けていく
③ 学齢期に教育・運動学習の統一的保障を考慮し、専門家による継続したリハビリテーションを行う
④ 必要な時期に応じて手術を考える
⑤ 継続して日常生活の姿勢のケアを行う
⑥ 適切な姿勢保持装具・補装具・改良器具などの使用
⑦ 少しの変化にも敏速に対応し、悪化させない
⑧ 過剰な努力は避ける、しかし適切な運動・運動量は保障する
⑨ 精神的安定を図る
⑩ 生活環境・労働環境を見直す

出典：『二次障害ハンドブック　改訂版』P.151-170、「二次障害―理学療法士の立場から」板野幸江 著、肢体障害者二次障害検討会編、文理閣、2007 年をもとに著者作成

【解説編】V　相談支援専門員を知ろう

Q.1 ケアマネジャーと相談支援専門員の役割分担と連携が必要な場面は？

A　障害のある人が加齢化して、65歳の障害福祉制度から介護保険制度への制度の移行の時期になった場合、あるいは、主たる介護者である親の高齢化と障害のある子どもの複眼的な支援に立った家族支援の場合、お互いの役割を十分理解したうえでの連携が必要になります。

この２つの場合は、同じ連携でも、前者が成人期から高齢期へ、障害福祉サービスから介護保険サービスへのスムーズにバトンを渡していく移行支援としての縦断的な連携であるのに対して、後者は家族支援の視点で、親と障害のある子の複眼的な支援を同時に実施していく点で横断的な連携が必要になります。

前者では、ケアマネジャーにバトンを渡すまでの情報の共有と伝達が相談支援専門員に求められます。バトンを渡されたケアマネジャーは、介護保険サービスと、障害福祉サービスの上乗せサービス、横出しサービスの際に、相談支援専門員に障害福祉サービスの特徴を聞きながら、高齢期に入った障害のある人のニーズとの適合を図っていく必要があります。

後者では、介護保険制度の対象者である親の居宅サービス計画に、障害のある子どものニーズと現状をどのくらい、子どもの担当の相談支援専門員から把握するのか、その逆に、障害のある子どもの居宅サービス計画にどのくらい親のニーズをケアマネジャーから把握し反映するのか、この両者を含んだケアプラン作成が必要になります。そのためには、担当のケアマネジャーと相談支援専門員とが一緒にケアプラン作成のための会議を開いて、意思疎通を円滑にしておく必要があります。

Q.1 引きこもりの子を持つ要介護高齢者への支援など、複合課題を抱えたファミリーサポートが必要な場合の支援方法は、どうすればいい？

A　介護を必要とする高齢者の支援をしていると、訪問時にいつも要介護者の子が家にいる、子の身の回りの世話をしていて親である要介護高齢者が疲弊しているなど、本人以外にも家族に支援が必要なのではないかと思われる場面に遭遇することがあります。また、要介護者から直接相談を受けることもあるでしょう。

要介護者への支援を通して見えてきた家族の複合的な課題は、本人以外の同居する家族の中に、介護や医療、福祉だけでなく、経済的な問題を併せ持っていることがあります。

親は子の引きこもりを認識してはいたものの、外部の人に相談せず、家族の中で解決することを優先してしまいがちです。

その結果、次第に外部の人間と触れ合わないようになり、地域から孤立した生活を送るようになっていたところ、親が要介護状態となって初めて子の問題（引きこもり）が周囲に認識されることがあります。

親が元気なうちはよかったのですが、やがて高齢となり、さらに介護が必要となったことで、親の代わりに子の引きこもりへの関わりが求められるようになります。

つまり、複合課題とは、今まで家族の中に潜在化していた問題が、親の介護を発端として顕在化したと言えるかもしれません。

また、要介護者である親について、認知症のため施設入所が必要とケアマネジャーが判断したとしても、「親がいなくなると自分の生活ができなくなる」という理由で、子から施設入所を断られることもあるなど、母子（父子）

が共生関係になっていることが問題を複雑にしている場合もあります。

複合課題を抱えた家族への支援にあたっては、まずは多問題を抱えている家族として捉え、その対応にあたってケアマネジャーがその家族のニーズの媒介者となって、他の専門職に相談し、つなげていくことが大切です。なぜなら、こうした家族の課題は個別性が強く、ケースごとに支援方法が異なり、福祉サービスだけで解決するものではないからです。

大切なのは、複合課題を抱えている家族として地域が認識することであり、それを認識して初めて支援がスタートするので、ケアマネジャーの果たす役割は大きいといえます。

福祉サービスの利用ばかりに目を向けるのではなく、その対応にあたっては、必要な職種を選考し、多職種で支援することが求められます。選考に当たっては引きこもりの背景を理解するよう努め、障害があるのなら障害分野を専門とする相談支援専門員、経済的問題を抱えているのなら生活困窮の担当者、家族の関係性にも問題を感じるようであれば家族機能に熟知したファミリーカウンセラー、さらに親族にも協力してもらえるよう働きかけるなど、必要な専門職と協同してチーム支援が行えるよう支援体制を整えることが必要になります。

逆に、要介護の子の相談を受けた相談支援専門員の側では、家族の関係性が複雑に絡み合って問題を難しくさせていることを踏まえ、子の視点から、家族関係や社会環境など、引きこもりの背景を紐解いていき、子の希望に応じながら福祉サービスの利用調整、その他の相談支援を通して解決してくための手立てを多職種と連携しながら進めていきます。特にケアマネジャーと互いに情報共有を図り、家族の理解や協力も得ながら取り組んでいくことが必要になります。

Q.1 新型コロナウイルス感染症拡大防止のため、外出自粛となった際、障害者やその家族にはどのような影響があった？　利用者や家族への支援には、どのような視点が必要？

A　新型コロナウイルス感染症（以下、コロナという）の広がりによって、障害の有無に関係なく、多くの人が不安な日々を送っていることかと思います。特に、2020年4月の政府による1回目の緊急事態宣言下においては、外出が制限され、「新しい生活様式」が求められるなど、日常生活に多大な影響を与え、今日に至ります。

そのような中、特に、精神障害のある人の生活においては、日々報道されるコロナの情報によって不安となり、公共施設やフリースペースに行けず、友人と会う機会や当事者グループで語り合う場がなくなることで憂うつになったり、外出すること自体が不安でできなかったという話を聞きます。また、定期的に利用していたショートステイや就労継続支援B型事業所の通所日数の削減、感染への恐怖から通院することもままならず、さらには、不安があっても「いのちの電話」を利用できずに夜間不安に襲われ困ったなど、生活するうえで必要とする福祉サービス等の利用が制限されたため、「自身の力で何とかするしかない」と感じながら過ごしていた人も多くいます。

さらに、一緒に生活している高齢の家族も不安を抱えている中、家族以外の人との接点がないことも重なり、それぞれの不安やストレスによって、トラブルが頻繁に起こるなど、家族関係にも影響したとの話もあります。

このように、突然現れた目に見えないウイルスによって、社会全体が大きな影響を受けましたが、障害のある人も、戸惑いを感じながらも変化に対応するべく過ごしています。

一方、ケアマネジャーや相談支援専門員、福祉サービス事業所等においても通常業務に支障を来し、本来業務が行えないというもどかしい思いを抱えながらも、直接会うことのできない状況下でも電話を通じて支援を続けてきたことと思います。

社会とは、人と人との関係の総体ですが、コロナによって人との関係が希薄となり、社会との接点がなくなることによって、二次被害が起こることが危惧されています。未曾有の状況下、通常の福祉サービス等の利用ができないとしても、ケアマネジャーや相談支援専門員は、高齢者や障害のある人が孤立することのないように、「今、できること」を見出していくことが必要だと考えます。そのためには、日頃から、介護保険や障害福祉という制度の枠組みを超えて、「目の前に困っている人がいたら支援する」という姿勢をもち、関係者につなげていくことが必要です。こうした取組みが、コロナのような未曾有の状況に陥ったときにも互いに連携して支援を行うことにつながります。

また、利用者を孤立させない仕組みとしては、オンラインによる支援の在り方、感染予防対策や支援マニュアル、マスクや防護服等の備蓄の見直しを図り、普段から備えておくことが求められます。

Q.2 新型コロナウイルス感染症の影響で、多くの就労支援事業所が閉鎖されたと聞いたけど、実際にどのような影響があり、また、利用者の支援はどのような方法で行えばいい？

A 政府による新型コロナウイルス感染症（以下､「コロナ」という）に関する１回目の緊急事態宣言が発出された頃(2020 年４月)は、「コロナの感染対策が困難である」「職員のシフトが組めない」「通える利用者がいない」等の理由から、就労支援事業所を休業したり、事業を縮小したりせざるを得なくなった事業所がありました。

一方で、利用を希望する利用者や家族がいた場合には、感染症対策に留意しながら、事業所の一部を開けていたところもありますが、地域によっては、事業所が休業して活動の場がなくなってしまうという事態も起こりました。緊急事態宣言が発出された際は、利用者本人や家族の意向で利用を控える人も多くいましたが、１カ月ほど経過してくると、家に籠ってばかりではストレスが溜まるため、徐々に通所を始める人が増えてきました。

就労支援事業所では、利用者が生産活動（さまざまな仕事）をして工賃を得ていますが、コロナの影響により、業種によって仕事の増減に差が見られました。

例えば、清掃業は感染症対策の必要性の高まりから、これまで以上に依頼が増えたケースがあり、また、お弁当製造やインターネットによる販売では、以前よりも売上が上がったケースがありましたが、反対に、軽作業や製造・販売といった活動は需要がなくなり、工賃が減少または支払えない事態になった事業所も多くあります。事業所が休業していて、利用者が出勤していないため、工賃の支払いがない月もあり、非常に重大な問題となりました。これに対しては、2021 年２月現在は、公的支援による対応がなされています（解説編第３部　「Ⅶ　新型コロナウイルス感染症による障害福祉サービスへの影響とその対応」参照）。

事業所の感染症対策では、緊急事態宣言が発出されてしばらくは、マスクや消毒用アルコールが不足して手に入れられない、特に小さい法人では職員のシフトが組めない、うがい・手洗いとマスクの着用の徹底が困難な利用者がいるという課題がありました。また、障害の特性上、コロナという「目に見えないもの」に対する不安や理解が難しい、感染症対策への限度がわからず不穏になる、いつまで続くかわからない状況への理解が難しいといった理由から、精神的に不安定になる人もいました。

コロナによる最も大きな影響の一つは、「人に会えない」「先の見えない・曖昧な不安感」「閉塞感」等からくるストレスであると考えられます。また、家族等との関係が密になることによる人間関係のストレスや、利用者が「心の内を上手く言語化できない」ことで蓄積されるストレスも課題の一つです。

これらへの対処方法は、利用者の日常生活や仕事のサポートを基本としながら、ケアマネジャーをはじめとする支援職が、利用者一人ひとりと向き合い、ゆっくり話を聞くことが大切です。また、先述のとおり、利用者は自分の考えや気持ちを言語化することが難しい場合も多いため、利用者の言葉のみならず、表情や身体の動き、態度や言葉遣いなどから出ているさまざまなサインを読み取りながら、利用者が「話をしっかり聞いてくれた」「自分のことを理解してくれた」と感じられるようにサポートしていくことが大切です。さらに、利用者にとって、最も身近な家族へのケア（定期的なコミュニケーションをとる、必要なサービスを提供する・機関につなぐ等）も利用者へのサポートにつながります。

ケアマネジャーの役割としては、まずは利用者や家族から、どのようなストレスや困りごとがあるのか等、話をしっかり聞いて、相談支援専門員と情報共有し、ときには地域のさまざまな関連機関とも連携を取って、多角的な視点からサポートをしていくことが求められます。

図　コロナ禍における就労支援事業所・支援職に求められるサポート

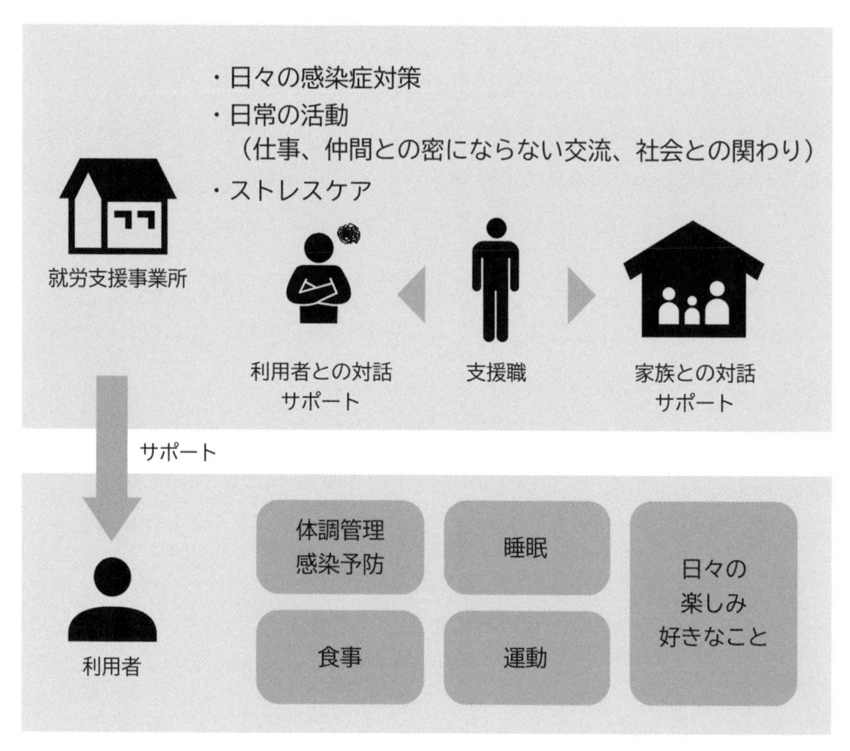

著者作成

著者紹介

〔監修〕
小澤　温（おざわ　あつし）
筑波大学大学院・人間総合科学学術院
リハビリテーション科学学位プログラム　教授

〔著者（50音順）〕

大村　美保（おおむら　みほ）
筑波大学人間系　助教
解説編　第1部　Ⅱ　障害福祉サービスを知ろう
Q&A編【解説編Ⅱ】

小澤　温
解説編　第1部　Ⅲ　障害者支援のこれから
第2部　Ⅴ　相談支援専門員を知ろう（共著）
第3部　Ⅶ　新型コロナウイルス感染症による障害福祉サービスへの影響とその対応
Q&A編【解説編Ⅲ】、【解説編Ⅴ】

木下　大生（きのした　だいせい）
武蔵野大学人間科学部　准教授
解説編　第2部　Ⅳ　障害の特性を知ろう
2　障害者の加齢による特性を理解しよう
(1) 知的障害
(4) 精神障害
Q&A編【解説編Ⅳ】2 Q.1、Q.4

相馬　大祐（そうま　だいすけ）
福井県立大学看護福祉学部　准教授
解説編　第2部　Ⅳ　障害の特性を知ろう
1　障害の種別と特徴
2　障害者の加齢による特性を理解しよう
(5) 脳性麻痺等の肢体不自由
Q&A編【解説編Ⅳ】1、2 Q.5

●**谷口　泰司**（たにぐち　たいじ）
関西福祉大学社会福祉学部　教授
解説編　第1部　Ⅰ　障害者が介護保険を利用するケースとは
Q&A 編 【解説編Ⅰ】

●**冨岡　貴生**（とみおか　たかお）
社会福祉法人唐池学園貴志園　園長・特定非営利活動法人かながわ障がいケアマネジメント従事者ネットワーク　相談役
解説編　第2部　Ⅵ　ケアマネジャーと相談支援専門員の連携のポイント
Q&A 編 【解説編Ⅵ】、【解説編Ⅶ】Q.1

●**中尾　文香**（なかお　あやか）
特定非営利活動法人ディーセントワーク・ラボ　代表理事
Q&A 編 【解説編Ⅶ】Q.2

●**藤川　雄一**（ふじかわ　ゆういち）
前 特定非営利活動法人埼玉県相談支援専門員協会　代表理事
（現 厚生労働省社会・援護局障害保健福祉部障害福祉課地域生活支援推進室 相談支援専門官）
解説編　第2部　Ⅴ　相談支援専門員を知ろう（共著）

●**前田　晃秀**（まえだ　あきひで）
東京都盲ろう者支援センター　センター長・群馬大学共同教育学部　客員准教授
解説編　第2部　Ⅳ　障害の特性を知ろう
2　障害者の加齢による特性を理解しよう
(2) 視覚障害
(3) 聴覚障害
Q&A 編 【解説編Ⅳ】2 Q.2、Q.3

＊所属・肩書は執筆当時

サービス・インフォメーション

通話無料

①商品に関するご照会・お申込みのご依頼
TEL 0120(203)694/FAX 0120(302)640

②ご住所・ご名義等各種変更のご連絡
TEL 0120(203)696/FAX 0120(202)974

③請求・お支払いに関するご照会・ご要望
TEL 0120(203)695/FAX 0120(202)973

●フリーダイヤル(TEL)の受付時間は、土・日・祝日を除く9:00〜17:30です。

●FAXは24時間受け付けておりますので、あわせてご利用ください。

「地域共生社会」時代のケアマネ必携
障害者支援のための
相談支援専門員連携ハンドブック

2021年3月30日　初版発行

監　修　小　澤　　温

発行者　田　中　英　弥

発行所　第一法規株式会社
〒107-8560　東京都港区南青山2-11-17
ホームページ　https://www.daiichihoki.co.jp/

ブックデザイン　コミュニケーションアーツ株式会社

ケアマネ障害支援　ISBN 978-4-474-07444-6　C2036 (3)